发现 研讨 实践

基于核心素养的初中英语课堂教学研讨与应用

张韦刚 / 主编

吉林人民出版社

图书在版编目（CIP）数据

发现　研讨　实践：基于核心素养的初中英语课堂教学研讨与应用/张韦刚主编.— 长春：吉林人民出版社，2021.11

ISBN 978-7-206-18726-1

Ⅰ.①发… Ⅱ.①张… Ⅲ.①英语课—课堂教学—教学研究—初中 Ⅳ.①G633.412

中国版本图书馆CIP数据核字（2021）第228364号

发现　研讨　实践：基于核心素养的初中英语课堂教学研讨与应用
FAXIAN YANTAO SHIJIAN：JIYU HEXIN SUYANG DE CHUZHONG YINGYU KETANG JIAOXUE YANTAO YU YINGYONG

主　　编：张韦刚
责任编辑：金　鑫　　　　封面设计：言之凿
吉林人民出版社出版发行（长春市人民大街7548号　邮政编码：130022）
印　　刷：北京政采印刷服务有限公司
开　　本：787mm×1092mm　1/16
印　　张：14.75　　　　字　　数：266千字
标准书号：ISBN 978-7-206-18726-1
版　　次：2021年11月第1版　　印　　次：2021年11月第1次印刷
定　　价：45.00元

如发现印装质量问题，影响阅读，请与出版社联系调换。

编委会

主 编：张韦刚

编 者：陈 菲　王晓瑜　王淑蓉　陈 密　李晓明

　　　　潘淑红　苑凤华　许 玮　王艳丽　许 蓉

　　　　张亚男

序言 PREFACE

  教师的专业发展是工作室可持续发展的关键，是工作室成员业务能力成长的核心体现。本书汇集了工作室教师发现问题、探究问题、教学实践的成果，这些成果是他们在紧张纷繁的工作之余，将自己的研究与思考汇集成文。这不单是老师们对实际工作进行思考、总结、反思的过程记录，更是他们教育教学智慧的结晶。为加强教育成果的交流与推广，同时，也为了感谢他们的辛勤付出，营造更加浓厚的教研氛围，鼓励更多教师积极地、深入地开展教育教学研究，让更多的人养成总结与反思的习惯，更好地促进教师专业水平的提升，我们把工作室成员的优秀论文、优秀教学案例、教学反思，选取部分编印成《发现　研讨　实践：基于核心素养的初中英语课堂教学研讨与应用》。

  本书分为三大板块。第一板块是发现篇，这里有教师们在教育教学过程中对学习目标、听力训练方法、情境教学、思维导图等方面的思考，也有对英语词汇微课的教学初探，还有对学生在英语学习过程中的心理及学习习惯的培养的重视，特别是对英语学科核心素养的几点尝试，细细品味，可以给我们很多启示和思考，为自己以后的教育教学提供很多有益的经验，也是我们教育理论真正的源泉。第二板块是研讨篇，以论文的方式呈现，内容丰富，涉及面较广，有的侧重于阅读教学策略的探究，有的注重高效课堂的构建，有的重在培养学生的学习兴趣，有的突出在英语课堂教学中的某个具体环节融入思政教育，多种类型的作品相映生辉，构成了一个丰富多彩的世界。第三板块是实践篇，这是教师对自己完成的教学实践活动有目的地进行审视，做出理性思考，并用以指导日后的教学，以教学课例的形式呈现。它可以发现不足，查找原因，寻求改进办法，使教学日臻完善，不断提高；还可以将教学中的"灵光闪现"进行总结提炼，使之成为稳定的理性行为，使教学过程更加精彩纷呈；通过对学生课堂活动的反思，可以更好地实现预设的教学目标，增强教学活动的针对性和互动性；通过对自身教学行为的剖析，可以更加理性地认识自我，从而更有效地选择适合自己的教学方法和手段，扬长避短，最大限度地提高教学效率。

　　社会在发展，教育在不断创新，作为一位新时代的教师，绝不能固守在经验化的自我满足之中而止步不前，要做一名既能运筹于笔墨，又能决胜于课堂的优秀教师。这样，我们的教育就会立于不败之地，从而提升自我教育能力，充分发挥工作室成员的引领作用。

张韦刚

2021年8月30日

目录

发现篇

浅议小学英语学习目标未达成对初中英语学习的影响 / 张韦刚 …………… 2
聚焦核心素养之初中英语听力训练解析 / 张韦刚 …………………………… 6
基于学科素养下的初中学生英语课堂管理的研究 / 王晓瑜 ………………… 9
初中英语词汇微课教学初探 / 李晓明 ……………………………………… 13
听说课中的情境教学 / 王淑蓉 ……………………………………………… 16
抓住学生心理，让学生敢于并乐于张口说英语 / 潘淑红 …………………… 19
思维导图策略在初二英语阅读教学中的应用研究 / 王淑蓉 ………………… 22
思维导图在初中英语八年级上册阅读教学中的应用与研究 / 许 蓉 ……… 27
谈七年级学生良好的英语学习习惯的培养 / 王晓瑜 ………………………… 30
核心素养背景下初中英语课堂如何进行导入 / 陈 密 ……………………… 34
"互联网+"背景下初中英语教学模式与实践转型研究 / 苑凤华 …………… 41
师生共同反思，为我的英语课堂教学注入了新的活力 / 潘淑红 …………… 49
浅谈如何让英语复习课课堂焕发活力 / 潘淑红 ……………………………… 53
夯实音标教学，激发英语课堂教学活力 / 王艳丽 …………………………… 56
核心素养背景下英语课堂中赏识教育在素质教育中的潜在作用 / 苑凤华 … 62
浅谈在英语学科教学实践中落实核心素养的几点尝试 / 陈 密 …………… 69
走探索之路构筑新型课堂 / 王晓瑜 …………………………………………… 74
初中英语教学中潜力生的转化策略探微 / 王艳丽 …………………………… 77

研讨篇

聚焦核心素养，关注"问题"课堂 / 张韦刚 ……… 86
加强语言实践 提升人文素养 / 陈 菲 ……… 90
初中英语教学中学生核心素养的培养 / 李晓明 ……… 95
基于核心素养的初中英语高效课堂的构建 / 许 蓉 ……… 100
核心素养之提升英语听力能力方法论 / 苑凤华 ……… 103
基于培养学生核心素养的英语阅读课教学设计探讨 / 许 玮 ……… 123
初中英语阅读模式及策略初探 / 王淑蓉 ……… 125
刍议分层教学模式在初中英语阅读教学中的应用 / 许 蓉 ……… 130
初中英语阅读教学策略简析 / 陈 菲 ……… 134
构建初中英语阅读与写作相整合的课堂模式的探讨 / 许 玮 ……… 137
说词说句说语法，以说促写聚新招 / 潘淑红 ……… 140
小议初一学生的课前展示 / 陈 密 ……… 145
浅谈初一英语分层教学在课堂内外的运用 / 王晓瑜 ……… 149
论中考英语考前冲刺攻略 / 陈 密 ……… 153
核心素养背景下提高初中生英语学习兴趣之策略 / 张亚男 ……… 159
浅议如何将思政元素有效地融入英语课堂教学 / 潘淑红 ……… 162
核心素养背景下初中英语教学中渗透德育的策略 / 苑凤华 ……… 166

实践篇

人教版 *Go for it* 七年级（上）Unit 2 This is my sister.
    微课词汇教学课例 / 李晓明 ……… 172
人教版 *Go for it* 七年级（下）Unit 9 What does he look like?
    写作课教学课例 / 潘淑红 ……… 175

人教版 *Go for it* 七年级（下）Unit 10 I'd like some noodles.
（第一课时）听说课教学课例 / 张亚男 ·················· 180

人教版 *Go for it* 八年级（上）Unit 5 Do you want to watch a game
show? Section B 2a～2e阅读课教学课例 / 陈　密 ·················· 184

人教版 *Go for it* 八年级（上）Unit 10 If you go to the party，you'll
have a great time！听说课教学课例 / 王晓瑜 ·················· 189

人教版 *Go for it* 八年级（下）Unit 5 What were you doing when the
rainstorm came? 阅读课教学课例 / 王淑蓉 ·················· 195

人教版 *Go for it* 九年级 Unit 5 What are the shirts made of?
阅读课教学课例 / 陈　菲 ·················· 199

人教版 *Go for it* 九年级Unit 8 It must belong to Carla. Section B（1a～1d）
听说课教学课例 / 苑凤华 ·················· 203

人教版 *Go for it* 七年级（下）Unit 6 现在进行时The Present Continuous
Tense语法课教学课例 / 李晓明 ·················· 211

人教版 *Go for it* 九年级二轮复习话题作文"How to Keep Healthy"
"以听促写"写作课教学课例 / 王艳丽 ·················· 220

发现篇

浅议小学英语学习目标未达成对初中英语学习的影响

张韦刚

背景分析：《义务教育英语课程标准（2011版）》（以下简称《课标》）要求，在义务教育阶段，从3年级开设英语课程的学校，4年级完成一级目标，6年级完成二级目标，课时安排应尽量体现短时高频的原则，保证每周三至四次教学活动，周课时总时间不少于80～90分钟。二级的达标要求：对继续学习英语有兴趣；能用简单的英语互致问候，交换有关个人、家庭和朋友的简单信息，并能就日常生活话题做简短叙述；能在图片的帮助下听懂、读懂并讲述简单的故事，能在教师的帮助下表演小故事或小短剧，演唱简单的英语歌曲和歌谣；能根据图片、词语或例句的提示，写出简短的描述；在学习中乐于参与、积极合作、主动请教；初步形成对英语的感知能力和良好的学习习惯；乐于了解外国文化和习俗。

英语学习是一项系统性工程，习惯的培养、接触的频率、学习的内容都是一个长期形成的过程。按照《课标》的要求实施英语教学会伴随孩子共同成长。

一、遵照《课标》，转变理念

经常听到诸多教育专家说，教师理念的转变是提高课堂教学效率与转变教学方法的前提。所以，对于你面对的学生，不要把他当作一名有4年或更长英语学习学龄的学生，而应把他当作一张白纸，在这张白纸上重新勾画出你所想象的蓝图，从ABC开始，从最简单的日常交流用语开始，从一点一滴做起。

《课标》就是教师教学的方向和指引，是英语教师教学的根本遵循。不论是学校还是教师，都应该无条件地按照《课标》要求进行教学及目标的达成。教师深入学习与理解《课标》，对达成教师教学目标和学生学习目标起着关键作用。

二、分析学情，尊重差异

俗话说得好：知己知彼，百战不殆。只有完全熟悉学生的情况，了解学生的问题所在，才能对症下药。新接手初一的学生，盲目教学只会延长教学时间，降低教师教学效率，想更好、更快了解学生的小学英语学习状况，制订学生的初中英语学习计划，建议通过以下两种方式具体分析学生的情况。

1. 入校检测

入校检测方式多样，方法多种，具体可以分为问卷调查的形式和试卷测验的方式两种。问卷调查的结果和试卷测验的数据对比将呈现给任课教师每一名学生的优势和问题及每一个班级的成绩构成和综合水平。

2. 学生自我表现

教师设定特别环节，通过课堂表现、作业反馈等方面了解每一名学生的个体差异和全班的整体情况，为全班划分具体的层次，根据层次的比例来确定自己的教学目标，预设自己的教学效果。

三、确定目标，改变策略

对于个体相对较弱而导致班级整体落后的情况，教师确定的教学目标尤为重要，具体需要做到以下几点。

1. 调整教学进度

就当前来看，许多学校在开学前就已经制订了本学期的教学进度，并没有在进行学情分析之后再制订，因此，各学校的教学进度大同小异。建议应在开学进行学情分析之后，准确掌握了班级学习英语的整体情况再调整教学进度，遵循"大统一，小差异"的原则进行英语教学。

2. 减少教学内容

对于整体水平较弱的班级，教师有必要整合教材，挑选"四会"掌握的内容及单元重难点进行学习，强化课本要求的基础知识的掌握，尽量保证初中学业水平考试要求的8∶1∶1中的8拿到6或更高（笔者所在省份对初中学业水平考试要求）；删去一些与当前学生认知水平不相符的知识，否则只是为了课堂内容和课堂进度而忽略了课堂效果。肯定也有教师说班里还有几名优等生，那该怎么办？其实办法很多，比如单独辅导，分层教学，课上自学，课下辅导，建议一种当今流行的方式——"互联网+"，通过多种媒体途径进行个人或小团队辅导。

四、创新方法，提高成绩

教师的业务素质和教学成绩有重要的联系，教师的教学方法更是直接影响学生的学习效果。因此，在初中英语课堂中，教师的教学方法显得尤为重要，适当的教学方法会使师生愉悦；反之，教师生气，学生学不会，学生对英语学习生厌，长此以往，会形成不利的英语学习氛围。在此笔者建议几种高效的教学方法：一是对于词汇教学，可采用分类教授法，本着分类整合、相互搭配、形成句型、构成语篇的原则，对词汇采取相对独立又相互融合的方式进行教学；二是对于听力教学，本着掌握实质、一题多解、归纳总结的原则，在解决内容任务的基础上，分类施策，尊重差异，最终形成学生听力解题技巧；三是对于句型教学，本着逐步过渡、由易到难、融入环境的原则，积极尝试情境教学法，让学生在生活环境中应用英语语言；四是对于阅读教学，本着以听带说、以说引读、以读促写、协同发展的原则，听、说、读、写共同发展、相互促进，形成英语语言的整体性；五是对于课堂教学策略，在英语课堂教学中或者是其他学科课堂教学中，重新划定小组合作的定义，根据学生学习英语的具体情况，形成课堂内外多种小组形式，如课下帮扶小组、课堂活动小组、学习竞争小组，发挥学生自我管理的能力，做到各小组自我管理，教师监督，达到相互促进、共同提高的目标。总的原则就是永远给学生一个够得着的"苹果"，让其品尝它的酸甜苦辣，可以让学生在今后的英语学习中选择不一样的"苹果"。

五、尝试新评价，获得好结果

英语教学中的评价体系大多是形成性评价和终结性评价，但出于对当前学生的学情分析，形成性评价和终结性评价根据具体情况应适当降低标准，课堂形成小组形成性评价，把个人融入小组中，形成一荣俱荣、一损俱损的竞争局面。此种方式，笔者尝试已久，收到了良好的效果。

作为教师，面对不同的学生，我们应该用不同的方法进行教学，因生制宜，因学制教。小学英语基础薄弱不应是初中英语学习陷入瓶颈的借口，更不能成为失去信心的理由，相信教师本身的高业务素质、多样化的教学方法和多元化的评价方式会带来意想不到的教育成果。

参考文献：

[1] 李宝荣.新课程标准理念下中学英语教学目标的确定[J].中小学外语教学（中学），2007（3）.

[2] 戴军.论新课程教学目标设计模式多元化的构建[J].教育与职业，2008（9）.

聚焦核心素养之初中英语听力训练解析

张韦刚

听是获得语言信息及语言感受的主要途径，也是提高其他技能的重要因素之一。《义务教育英语课程标准（2011版）》分级要求：7~9年级分别为三、四、五级目标，相对应的是七年级学生能听懂有关熟悉话题的语段和简短的故事；八年级学生能在所设日常交际情景中听懂对话和故事；九年级学生能听懂教师有关熟悉的话题的陈述并参与讨论。

笔者所在区域初中学业水平考试中对听力的要求：考查分值30分，分为4种题型：①句子理解，考查对所听内容的理解能力；②语义理解，考查在具体语境中听的反应能力；③对话理解，考查对场景、语境的判断及反应能力；④语篇理解，考查对获取的信息进行处理、分析、归纳和判断的能力。每一种题型都通过完成设置的要求，考查学生的具体能力。

在一次出国前的培训课上，北京语言大学一位教师在给行前中学英语教师上课时播放了一句生活中很常见的句子，检测教师们的听力水平到底如何，但是全班包括笔者在内的36位全国各地的中学英语教师没有一位能够完整、准确地复述这个句子。这个例子说明了两点：一是当前部分英语教师没能把听力训练当作英语教学中的一项重要任务；二是教师本人没能完全掌握听力技巧，个人业务有待提高，同时把听力训练要切实渗透到日常的英语教学中去。

英语教学中，听、说、读、写缺一不可。笔者对如何改善教师听的"教"和提高学生听的"学"有如下浅薄的认识。

一、提高自身口语水平，加强教师业务训练

英语是一门语言，首先要营造浓厚的语言氛围，这就要求英语教师用自己熟练的英语口语带动学生听觉的能动性，让学生在听和说的过程中体验英语学习的魅力，在长期坚持的过程中，学生听力技能就会与日俱增。在平时的教学中，我们不难发现，很多学生在平时教师的口语中能听得懂，但在考试的过程中就听不出、不会听，得分少。这是由于在正规的音像资料中，纯正的英语中有太多的连读、爆破、弱读、失音、浊化等口语技巧，而在平时的教学中，很多教师没太注重这些方面的技巧掌握，所以导致了此种现象的发生。由此来看，教师不光要能教学，还得教得好。这就促使教师必须随着时代的发展和岁月的变迁，加快提高个人的业务素质，提高个人的口语水平，在课堂上多运用说的技巧，不断强化学生听力训练，让学生们在潜移默化中逐步提高听力技能。

二、采用多元方法，扩充听力容量

课本中的听力练习任务明确、思路清晰，让学生们很容易就可以完成大多数类型的任务。学习是为了提高学生各方面的能力，在完成任务的同时，更需要的是解题能力的分析，这样才能在考试中取得好成绩。如果说日常教学中教师的日常口语可以让学生感知语言、训练听力，那么听力训练中解题技巧的渗透不仅可以提高学生的听力能力，也可以促使学生在考试中取得好成绩，同时我们也可以采用多种方法训练与提高学生的听力能力。

课前展示：很多教师把课前5分钟的时间留给学生，让学生充分展示复习或预习的内容。笔者长期坚持课前5分钟让学生准备一篇与本单元主题对应的文章进行演讲，并提出问题，让学生通过此方式练习听的能力，听完演讲后回答问题，回答正确证明听懂了，反之，老师可以给予提示或重读。长此以往，学生们养成了听的习惯，提高了听的能力，与此同时，其说的能力也会和听力能力相互结合、共同提高。

一题多解：课本给我们规定的任务，或是选择，或是填词等。在完成这些规定任务的时候，教师一定要耐心细致地教授与实践不同听力类型的解题技巧，如果只是给学生增加大量的听力材料，没有任何技巧指导，那么学生也不会有大的进步的，但是我们可以通过课本具体的规定内容进行有效的扩充。

以人教版 *Go for it* 九年级Unit 3 Section A 2a and 2b为例，本单元以"Ask for information politely and follow directions"为主题，听力的话题当然以此为主。根据笔者个人经验，在指路单元的各类题型中，学生的错误率高，失分严重，同时，我们发现Section A 中听力部分要求过于简单，虽能满足语言学习要求，但不能完全满足听力测试的要求。在这种情况下，我们就可以在原有听力要求的基础上增加内容与要求的设计。

第一环节的自主设置符合每次考试中的题型，通过完成此内容，可以让学生了解对话的主旨，为课本设置的其他要求扫清障碍、降低难度。了解了去哪里、做什么、怎么做，之后完成第二步及第三步，可谓是轻而易举，学生可以深入了解文章。最后，完成第四步，老师让学生根据自己所划路线进行复述或演示对话，而复述与演示的过程也给其他同学提供了听的平台。这种方式不仅促进了学生听力能力的提高，而且以多种形式提高了学生的考试技能，使学生成功地将课本知识内化为自己的语言体系，实现了能力提高、知识扩充的目标。

三、加强归纳，掌握技巧

英语教师所了解到的听力训练方法是多样的，在教授的过程中要及时发现学生所能接受的听力方法，把学生能接受的方法梳理成一定的系统知识，便于学生及时掌握，同时，还要根据学生间的差异性，建议学生形成适合自我听力的方法，这就是技巧的生成。技巧的生成是不断提高听力能力的保证，需要长期坚持、及时归纳。

总之，听力的训练不能一朝一夕就可以达到一定的水准，但可以确定的是，通过听可以带动其他英语学习要素的提升。坚持一种核心的理念，利用多变的方法，持之以恒，用有限的资源，无限地提高学生的听力能力，最终一定可以达到课标的要求，并在考试中取得好成绩，为学生的终身学习奠定基础。

参考文献：

[1]任庆梅.英语听力教学[M].北京：外语教学与研究出版社，2011.

[2]赵春生.义务教育英语课程标准[M].北京：北京师范大学出版社，2012.

基于学科素养下的初中学生英语课堂管理的研究

王晓瑜

初中英语核心素养要求我们需有良好的学习策略。学习策略指学生为了有效地学习和使用英语而采取的各种行动和步骤,以及指导这些行动和步骤的信念。英语学习策略包括认知策略、调控策略、交际策略和资源策略等。认知策略是指学生为了完成具体学习任务而采取的步骤和方法;调控策略是指学生对学习加以计划、实施、反思、评价和调整的策略。学习策略是灵活多样的,策略的使用因人、因时、因地、因事而异。在英语教学中,教师要有意识地帮助学生形成适合自己的学习策略,并不断调整自己的学习策略。在英语课程实施中,教师帮助学生有效地使用学习策略,不仅有利于他们把握学习的方向,采用科学的途径,提高学习效率,而且有助于他们形成自主学习的能力,为终身可持续性学习奠定基础。

然而,在英语课堂教学当中,有效的课堂管理是学习策略中的一部分。教师与学生接触最多的时候是在课堂,因而良好的课堂管理是顺利进行课堂教学活动的保证。曾经有人说道:"进行教学,首先必然包含纪律管理。"通过课堂纪律管理,可以培养学生自觉遵守纪律的好习惯,创设一个最佳的教学环境,提高课堂教学效率。课堂纪律管理是教学工作的一个有机组成部分,组织教学活动是向学生进行课堂纪律管理的基本途径之一。课堂中的师生关系是否和谐融洽,直接影响教师教学工作和学生的学习行为。在一个井然有序的课堂当中,教师教学活动能够得到有效的开展,能够保证学生上课的学习效率。这已经在实践当中得到了证明。因此,教师在课堂中不仅仅是传道者、授业者、解惑人,还必须是一位良好的管理者。然而,课堂管理是一门艺术,体现了教师对学生的管理能力。通过教师的有效管理，课堂能够发挥它最大的作用。在有效的课堂管理中，师生之间、生生之间的关系是融洽和谐的，这对于教师和学生的发展是极为有利的。

那么，怎样才能在英语课堂中实现有效的课堂管理呢？

第一，制订切实可行的课堂规则。有效的课堂管理，实际上是在建立有序的课堂规则的过程中实现的。教师面对的是几十个孩子，他们都有自己的性格特点：有人内向腼腆，有人活泼好动……如果没有一套行之有效的课堂常规，就不可能将这些孩子有序地组织在教学活动中。有言道："良好的开始是成功的一半。"因此，当学生刚迈入初一时，开学第一课，教师就与学生一起讨论，共同制订合理的课堂规则，并在实行的过程中加以完善。比如：当两人做对话时，一定要面对面；当其他同学做对话时，我们要出于礼貌地面对他们；当他们出错时，我们应等待他们说完后举手改错；等等。教师要让学生知道上英语课时什么行为应该做、什么行为不应该做，让学生有一个行为的约束。而这些规则不一定要很生硬，所制订的规则都应该是实用、合理、简单、易实现的。制订了规则，就要始终如一、坚决、果断地执行。如果学生遵守课堂规则，教师要及时地给予肯定和奖励；如果学生违反规则，教师就要立即指出其不良行为应伴随的自然后果。教师在面对学生违反规定时，也要一视同仁、公平地对待学生的问题行为。教师通过积极的态度和有效的措施，使学生在课堂中自然地养成良好的英语课堂学习习惯，从而提高课堂的教学效率和教学质量。

第二，我们要不断更新教育教学理念，努力与学生建立良好的师生关系。我们常常在反思一个问题：为什么有些老师，无论走到哪个班级，都十分受欢迎？学生愿意听他的课，愿意听他的话，愿意按时完成他的作业……而学生面对另外一些老师时，却与其相反。我想，问题的答案就是和谐的师生关系。教师在进行课堂纪律管理时，不能只想到自己是课堂纪律的管理者和监督者，应该意识到教师本身和学生一样，是构成课堂纪律的重要因素，自己的言谈举止、与学生之间关系的好坏直接影响着班级课堂纪律。因此，要做好课堂纪律管理、融洽师生关系，师生心理相融是必不可少的一个条件。教师能了解与满足学生的愿望和心理需求，学生了解教师的要求与纪律允许的自由活动范围，师生行动协调一致，良好的课堂纪律自然容易形成。作为教师，我们必须要懂得欣赏学生、尊重学生，要用"心"去感化每一位学生，用"爱"去滋润每一位学生。那么教师就要转变观念，让课堂成为师生交流的平台，在课堂上要提供机会，让学生能够用自己的眼睛去观察、用自己的头脑去思考判断、用自己的语言去表达，为学生提供一个自主学习、合作学习、探究学习的空间。同时，教师应与学生一起讨论，让学生体会到平等、自由、民主、尊重、信任、友善、理解、宽容和关爱的学习氛围，帮助学生形成积极的、丰富的人生态度和与众不同的学习体验。

第三，不断创新，利用多种课堂教学活动吸引学生主动加入课堂中，就是教师用特别的方式让教学变得更有趣。有言道：兴趣是成功的一半，兴趣是最好的老师。学生如果对英语感兴趣，那么就会有敏锐的观察力、良好的记忆力、丰富的想象力，他们将更愿意学习英语，展示他们的个人才华。因此，在英语课堂中，教师应尝试着用一些活动去帮助学生变得更轻松，缓解紧张的情绪。在一种很轻松的环境下学习，才能达到顶峰。我们可以在教学过程中加入角色扮演、演讲、辅助工具教学、即兴问答、课堂游戏来活跃气氛。角色扮演可以使学生融入其中，锻炼他们的英语口语及手势语、组织能力等；演讲可使学生树立自信心，更广阔地收集资料，获得更广泛的信息，并对这门课产生兴趣；采用工具辅助教学，可使教师的教学更形象、生动化，让学生看得更直观，产生兴趣；即兴问答可以锻炼学生的反应能力。总之，就是通过各种活动，使学生随时都把精神、注意力集中到课堂当中，同时也能提高课堂效率。

第四，学会灵活地处理课堂中遇到的即时问题。在课堂中，难免会遇到一些突发事件。例如，学生在课堂交流中发生矛盾；在自己讲课时，发现有学生在睡觉或者做其他科目作业；有的学生总喜欢接嘴，而导致其他同学精力不能集中，课堂纪律较乱……当遇到这些问题时，教师首先不要对学生一味地"气势汹汹"，要因人而异、因事而异，让气氛尽量缓和，以最优的方式稳住课堂纪律，稳妥地解决问题。记得在一堂英语课上，发现有一名学生瞌睡得直点头时，笔者不但没生气，还一边讲着课，一边用手比画着让大家都瞪圆了眼睛望着他。这时，笔者突然间放大音量地问道："What are you doing?"那名睡觉的学生突然间坐了起来，说道："我没睡觉。"大家哄堂大笑！那名学生却惭愧地低下了头……关于名学生到底有没有睡觉，大家都有目共睹，但在这种轻松愉悦的环境下，问题很容易地就被解决了。从此以后，那名学生再也没有在笔者的英语课堂上睡过一次觉。因此，笔者认为，当我们在课堂上遇到问题时，一定要学会冷静，学会思考，学会艺术性地处理课堂违纪事件，采取尊重、理解、关怀、鼓励和信任的态度帮助学生明辨是非，使之正确控制、主动调节自己的行为，将注意力引向教师讲授的内容。当课堂上再出现"小插曲"时，教师要有教育机智，灵活处理。

综上所述，课堂管理在我们的教育教学中起着重要的作用。如今，教师一呼百应、说一不二的时代已经过去，我们在不断提高自己业务知识和教学水平的同时，很难达到有百分之百的学生能够按你的意愿去自觉遵守和维护课堂秩序，让你能够充分地展示教学能力。所以，我们只有不断地学习和改进课堂管理方法，运用一定的策略，才能保障自己的教学能有效地进行。

参考文献：

［1］聂厚德.中小学教育科研实用方法［M］.重庆：西南师范大学出版社，2002.

［2］叶谰.教育研究及其方法［M］.北京：中国科学技术出版社，1990.

［3］董奇.心理与教育研究方法［M］.北京：北京师范大学出版社，2006.

［4］陈琳，工蔷，工晓堂.《义务教育英语课程标准（2011年版）》解读［M］.北京：北京师范大学出版社，2012.

初中英语词汇微课教学初探

李晓明

随着科技信息的不断发展，微课以模式新颖、形式灵活的优势在初中教学中被广泛应用，并得到了师生的一致认可，成为初中教学中一项新型教学模式。词汇是初中英语教学的难点，将微课融入英语词汇教学中，能够提高词汇教学的趣味性，弥补传统初中英语词汇教学的不足，切实地将现代教学方式同传统教学优势有机地结合在一起，充分发挥词汇教学自身具有的趣味性、真实性和有效性，进而促使初中词汇教学向高效教学方向发展。在现代教育教学中，英语课程占据了较重的地位。如何将微课有效地运用到初中英语词汇教学中，提高学生的英语综合学习能力，是本文探讨的主题。

一、根据实际需要整合课本词汇

英语新课标提出："教师要善于结合实际教学需要，灵活地和有创造性地使用教材。"在满足《英语课程标准》基本要求的前提下，教师可以根据学生的能力和语言基础对教材的内容进行整合和选择，然后在初中英语词汇教学中，把整合的词汇做成微课，这样就能够得到较满意的教学效果。

微课作为一种以视频为载体的课堂，其长度一般在10分钟以内。因为时间有限，所以教师在整合教材中的词汇时，要根据学生的需要对教材中提供的教学素材进行大胆取舍、重新整合和改编，对知识点进行一定的提炼与精简。这样也便于学生能够通过短短的10分钟对重点知识进行学习，比起传统的40分钟课堂来说，这样的时间长度正符合学生的注意力集散规律，能够让学生保持优良的学习状态。在更好的状态下学习最为精练的知识，学生的学习效率自然会得到提升。

二、在词汇教学中加强微课渗透

在新课改教学背景下,教师要充分树立科学的教学理念,积极接触和学习具有创新性的教学方法,重视微课对教学质量及教学效率的价值,借助宣传等手段,让更多的教师认识微课、了解微课,提高对微课教学的认识。

加强微课在初中英语词汇教学中的运用,大胆创新教学,抓住正确的教学时机,及时冲破传统教学的阻碍,使词汇教学课堂更加符合学生的心理期待。教学中使用微课教学,主要是为了借助微课的特点,有效地对词汇中的重难点展开教学,让学生在明确重难点的同时,有效地对知识点进行内化和掌握。在进行词汇微课教学时,教师要以精讲精练为原则,力求用较短的时间讲授知识,在最短的时间内将瞬时记忆转化为长时记忆。基于微课的呈现形式,把整合的单词讲解制作成课件,然后配上声音,最后将配有声音的微课件在上课时展示给学生,也可以供学生课后自学。学生通过微课学习完词汇后,对英语学习又有了更深层次的认识,学习态度不再过于被动,而是逐渐转变为主动学习。

三、微课词汇教学使用技巧

善于把握微课的使用技巧,不仅能使微课教学事半功倍,同时能有效地发挥其在课堂教学中的价值,促进英语词汇教学的发展。首先,把握好微课教学的时长。为此,教师在设计微课时就要把握好微课的时间,将其尽量控制在10分钟以内,使教师在有限的时间内,用最简短、高效的语言帮助学生获取关键的知识信息。其次,精简微课教学内容。因为时间的局限性,教师不得不精简微课的内容,在挑选内容时,教师就要从学生的实际情况出发,从词汇的基础教学着手。再次,把握好微课情境创设的即时性。好的英语词汇教学是需要情境对其进行烘托,因为这样可以有效地将学生快速带入课堂教学之中,使学生能更好地集中学习注意力。最后,要实现微课教学资源的多元化。虽然微课教学所需的时间不长,而且内容精简,但是这并不意味着教师只需要用单一的教学资源来开展词汇教学。可以说,丰富的微课资源是激发学生学习积极性的重要保障,让学生在与微课资源互动的过程中,自主地学习和记忆单词。

所以,在初中英语词汇教学中,微课的运用能有效地打破传统的教学模式，以其精练性、高效性、趣味性和可重复观看性等特点，吸引学生的眼球，激发学生的学习动力，培养学生的自主学习能力。利用微课进行单词教学，既能满足新课改的要求，也为学生所喜爱，可进一步提高学生学习英语词汇的积极性，也能有效提高学生记忆单词的效率，进而提升英语课堂教学效果。

参考文献：

［1］朱慕菊.走进新课程［M］.北京：北京师范大学出版社，2003.

［2］唐先祝.新课标下初中英语词汇教学的原则和策略［J］.中国校外教育（理论），2008（12）.

［3］马颖.初中英语教师词汇教学策略调查研究［J］.山东师范大学外国语学院学报（基础英语教育），2015（2）.

听说课中的情境教学

王淑蓉

一、情境教学法的理论依据和来源

情境教学法最早由英国应用语言学家 Palmer 和 Honey 于20世纪提出，且不少学者在此基础上做过进一步的探讨，如 Lave 和 Wenger 提出了情境学习理论。20世纪80年代，情境教学法在中国得到全面推广而风靡一时，此后受到国内学者的广泛关注。在借鉴和反思国外相关理论的基础上，我国现代著名外语教育家张士一提出了外语情境教学理论，该理论具有重要的理论意义和实践意义。

情境教学法是指在教学过程中，教师有目的地引入或创设具有一定情绪色彩的、以形象为主体的生动具体的场景，以引起学生一定的态度体验，从而帮助学生理解教材，并使学生的心理机能得到发展的教学方法。情境教学法的核心在于激发学生的情感。"情境"是教学过程中由教师设计并主导实施的学习环境。情境化教学是建构主义理论的一种实践。英语作为一门外国语言，其本身就和学生有一定的距离，而学生的生活和学习没有处在英语环境中，因此对初学者本身来说就有一定的难度。近几年，我国颁布的《英语课程标准》中规定："教师在课堂教学中应当设法结合学生生活的实际，创造交际活动情境以增强学生学习兴趣，使他们能积极参与语言实践活动。"创设教学情境，有助于建立课堂英语学习环境，提高学生学习的积极主动性，让学生参与其中，帮助其发展概念并获得技能。创设的教学情境可以是虚构的故事情境，也可以是真实的生活情境；可以是引人入胜的悬疑情境，也可以是发人深省的实例情境。新课标对英语教学提出的新要求，彻底改变了传统初中英语的教育教学模式。教师的教学中心转变为利用一切可以利用的教学资源，提高学生对英语知识的把控和运用能力，使学生学以致用。学习英语知识是为了使用，而情境化的英语教学正好能够达到这个要求，能够使学生将知识进行运用。

二、初中英语听说课情境化教学的实践应用

1. 听说课情境创设要进行整体创设

听说课情境创设要进行整体创设，以话题入手，以话题为线索，话题贯穿整个教学活动。教学情境的创设必须与教学内容与要求相一致。情境的新颖性、趣味性固然重要，但如果偏离了教学话题内容这一主题，将变得毫无意义。

2. 听说课情境创设要真实，贴近现实生活

听说课情境创设要真实，贴近现实生活，这样才能激发学生学习英语的兴趣，提高学生在生活中运用英语的能力。教学情境应尽可能来源于真实的生产生活，向学生展示知识的用武之地，一方面调动学生的积极性，另一方面有利于知识的迁移与运用。有研究表明，在虚构情境下，学生学习的积极性会大打折扣，即使学习并积累了大量的英语知识，但在现实生活中和外国人交流时，还是不能够自如地正确表达个人的观点，因为在平时的英语训练中，大多都是在虚拟的语境中练习，对现实生活中要表达的实际应用语言的练习少之又少。

3. 听说课情境创设要注重参与原则

教学情境的创设应尽可能地让学生参与其中。"参与"是情境化教学的本质。无论是培养实验技能的动手活动，还是鼓励独立思考的语言训练，学生通过亲身参与这些活动获得的知识和技能将会更深刻、更持久，迁移与应用也会更自觉。在体验情境环节，要尽量让每一位学生都参与到活动中来，表演形式也应设计成能让更多的学生加入活动中来。

4. 听说课情境创设要突出英语特点，营造英语学习氛围

一种语言一定要有语言环境才能学得好。我们的母语不是英语，学习英语是在汉语的氛围下进行的。没有英语环境，教师就应刻意创造英语环境，因为英语教学的最终目的是培养学生用英语进行交际的能力，而这种能力只有通过大量地接触英语，使学生沉浸在英语交际的氛围中才能较快地形成。优质的英语课堂不能单以教师传授给学生有效信息的多少来衡量，还要注重学生信息

内化及运用能力的高低。单纯直接的课堂教学乏味无趣，容易使学生感到压抑，产生心理疲劳，阻碍学生对语言信息的内化。因此，教师要运用情境教学法，创设轻松活泼的英语教学情境，在情境中呈现教学内容，引导学生在情境中自然地实现英语的感知、理解、内化、运用，并能因材施教，开发学生学习潜能，使其获得成功的体验。要想在有限的课堂时间内最大限度地进行英语实践，就必须在英语课堂上突出英语特点，排除母语汉语的语言干扰，师生共同树立英语课上只说英语、不说或少说汉语的观念，把英语课堂视为用英语进行交际的场所，将英语教学过程视为用英语进行"教"和"学"的活动过程，从教师组织教学活动到学生的参与，使用的工具是英语而不是汉语。对于学生来说，汉语是他们的母语。学生在学习英语语音、单词、句子时，总是不自觉地与汉语进行对比。因此，教师必须积极引导学生克服汉语对英语学习的负迁移。实践证明：课堂活动使用英语，有利于提高学生的语言能力，因为在课堂上使用汉语越多，学生学习英语的障碍就越大。教师的每一句汉语或每一个词都会减少学生用英语理解和思考的时间，切断学生直接用英语积极猜想和联想的思路，剥夺学生用英语听说的机会。这样，教师就很难达到教学目的，学生也学不好英语。

因此，英语教学过程要成为有意识地控制使用母语、有目的地使用英语、以英语为交际工具的过程。

总之，在英语听说课教学中运用情境教学，既能活跃课堂气氛，激发学生的学习兴趣，锻炼学生的语言能力，又能培养学生的思维能力和空间想象能力，使学生产生仿佛置身于英语世界的感觉，在轻松、愉快的环境中积极地学习，养成良好的学习习惯，加深语言信息输入，产生语言内化，做到学以致用，从而为学生进一步学习英语奠定良好的基础。

参考文献：

[1]潘喜定.初中英语教学中情景教学法研究[J].考试周刊，2009（3）.

[2]王莉.高中英语教学中情景教学法的应用[J].教法交流，2011（1）.

[3]霍红霞.高中英语情景教学之我见[J].神州，2011（1）.

[4]杨仁光.浅谈多媒体环境下高中英语课堂情境教学[J].科教创新，2011（4）.

抓住学生心理,让学生敢于并乐于张口说英语
——应对学生普遍不愿张嘴说英语、羞于表达、背诵困难的小体会

潘淑红

英语作为一门语言交际工具,其重要性不言而喻。"听说领先,读写跟上"是我们英语教学的重要原则。但有些学生因羞于表达、背诵困难、口语表达跟不上等学成了"哑巴英语"。为了解决这个难题,笔者也一直在摸索,想各种招数。在教学中,笔者还真发现有两个小招数对学生挺有效的。

一、巧借"微信"做桥梁,背诵交流两不误

近几年来,笔者在教学实践中发现,学生们很喜欢平台,因此,笔者充分抓住学生的这一心理,巧借"微信",搭建起与学生和家长沟通交流的桥梁。首先,与家长和学生建立微信群,而且必须实名,要求学生每天在家背完单词或课文后必须在群里发语音背诵,这是与学生和家长加强互动的一种很有效的方法。因为在这个圈内,学生在偷偷竞争,家长们更是在暗暗比较,教师还可以及时发现学生发音不准等问题,及时给予纠正。这个工作最好在七年级一开始就做,因为这个年龄段的孩子有很强的表现欲望,而且七年级的学习内容相对比较简单,操作起来比较容易。在家长微信群里让孩子背,家长监督(通常是家长说汉语,学生拼背出相应的英语单词,这对家长来说非常容易做到),但老师必须要用心听,而且一定要给出相应的评价。评价尽可能以鼓励表扬为主,不但要表扬孩子,更要表扬家长,这样更有利于家长陪孩子一起坚持、不放弃。为了与家长和孩子处理好关系,最大限度地鼓励孩子与家长,笔者时不时地把学生的优秀作业、优秀作文拍照发到群里,及时表扬进步生。这样,家

长很开心,孩子们也更高兴。对于背诵有困难的学生,笔者会让他们根据个人的学习能力分期背,降低难度。这样,家长们在暗暗竞争,孩子们更是劲头十足。为了能坚持下去,笔者每周至少抽出一节自习课进行总结和反馈。等孩子们养成习惯,到八年级可以让他们只在学生群里背。笔者会根据学生学习的不同情况,把学生分成五个小组。因为孩子们长大了,不愿意在父母面前展示自己,所以最好让孩子们自己竞争。有的教师会说:我下班这么忙,怎么有时间听这么多学生背?对于这一点,其实笔者也会想招数,刚开始的时候可能会辛苦一些,等坚持一段时间,学生习惯了,可以抽不同层次的学生听,但无论如何,一定要给出评价(语音评价或表情评价)。还可以告诉学生:老师今晚很忙,但不管如何,我一定会在睡前听完!这样,学生背完就不会眼巴巴地等教师的表扬,也可以根据自己的实际情况灵活处理了。比如,笔者通常会在第二天早晨一边做早餐一边听学生的录音,抽空评价或纠错正音,或者抽其他时间给学生反馈。如若不然,学生会很失望,时间久了,他们就会慢慢地产生惰性,不再对这招儿感兴趣了。这种方法,家长会更喜欢,而对孩子的坚持和不放弃更让笔者赢得了他们的尊重和信赖。赢得了家长的支持,会少走很多弯路。虽然一开始会很辛苦,可是,看着孩子们一天天在进步,你会感觉累并快乐着。

二、背诵听默不放松,评价激励要有招儿

听写与默写是检测学生基础知识最直接、最迅速的方法,是对所学知识的一种再现,是推动学生巩固新知识的有效手段。将背诵和听写、默写有机地结合起来,会帮助学生更有效地巩固所学的单词和句子,降低遗忘率。新目标初中英语教材共有五册书,共计3132个单词,共出现近500个词组,其中有一部分为常用词组,要求必须熟练运用。在教学中笔者发现,部分学生普遍缺乏主动识记的习惯,常用方法也是死记硬背或者考前临阵磨枪,其结果往往是事倍功半。听写和默写是老师经常采取的督促、检验学生背诵单词的主要方法,但是,如果老师听写和默写的任务设计单一,那么学生只会被动机械地完成,缺乏主动识记的意识,背得会很辛苦,学得也会更痛苦。为了改变这一现状,笔者也在反复实践,不断摸索。因为笔者所在学校的学生生源不好,大部分学生为外来务工子女,学生的学习基础薄弱、学习习惯差。因此,在家校合力抓教育这一块一直是个难题。为了调动学生的学习积极性,笔者将学生按照不同

情况分成五个小组,针对每组布置不同的背诵任务。比如,笔者会把每单元的单词平均分成五部分,要求学生在一周内背完;听写时也是每天按五分之一的词汇量来听写,这样会让学生在心理上对单词表上冗多的词汇减少畏怯感。尤其对"学困生"而言,此方法能帮助他们减少学习困难,长此以往,他们会在逐渐多起来的红对钩中获得成就感,学习兴趣也会慢慢提升。平时,笔者一般都是根据学生的听写反馈把背诵、听写和默写灵活地结合起来。比如,听写时笔者会将默写和听写结合起来,对于学习有困难的孩子,笔者让他们提前把要听写的单词的汉语意思写下来,然后进行默写,而其他孩子听写。此方法的好处是可以帮助一部分学生降低记忆难度(因为许多孩子听写时英汉意思匹配模糊),不轻易放弃自己,同时会兼顾到其他层次的学生。笔者还尽可能地一周或两周开展一次单词默写竞赛,激发学生的学习激情。为了帮助学生更快、更多地记忆单词,笔者平时很注重应用性的听写和默写,提前归纳、总结各类词性的变化规则,引导学生集中分类进行听写和默写。比如,在学生学习了单词"die"后,笔者一定会要求在听、默写时写出该单词的其他形式:"dead"(形容词)、"-death"(名词)、"-died"(过去式)、"-dying"(现在分词)。这样,学生在此活动中自然会循序渐进地丰富和拓展词汇量。

除了在背诵、听写和默写上下功夫,如何评价学生的学习成果也同等重要,需要教师多动脑筋,自想妙招儿。只用分数评价对于大部分学生而言已经不感兴趣了,因此,笔者就把听写优秀的学生、进步的学生名单或作业贴到楼道里,不但贴在本班门口,还会辐射贴到别班的教室门口,甚至别的年级班门口。这招儿真的挺管用,让别的班的学生甚至全年级全校的学生都知道自己优秀,学生感到真的是太有面子了,自然会想让自己一直这样优秀下去。

当然,无论哪种招数,坚持是第一位的,没有坚持,就只有放弃,所以只有老师的坚持,才能决定学生的不放弃,才给了学生坚持的动力和勇气。

参考文献:

常玉兰.如何让学生乐于开口说英语[J].考试周刊,2011(14).

思维导图策略在初二英语阅读教学中的应用研究

王淑蓉

一、思维导图与初中阅读的实质内涵

1. 研究背景

阅读是人类获取信息的主要渠道之一，也是认识世界、学习所有学科的基础，更是提升自我修为的途径之一。英语阅读是英语四大技能中听、说、读、写的一部分。英语阅读在英语的学习中起着至关重要的作用。在义务教育阶段，英语课程的总目标为：通过英语学习使学生形成初步的综合语言运用能力，促进心智发展，提高人文素养。综合语言运用能力的形成，建立在语言技能、语言知识、情感态度、学习策略和文化意识等方面整体发展的基础之上。同时，《英语课程标准》对语言技能中的阅读技能也提出了从一级到五级的要求。《英语课程标准》指出了初中生在完成基础教育阶段的学业后，应该达到以下阅读技能要求：

（1）根据上下文和构词法推断、理解生词的含义。

（2）理解段落中各句子之间的逻辑关系。

（3）找出文章的主题，理解故事的情节，预测故事情节的发展和可能的结局。

（4）读懂常见体裁的阅读材料。

（5）根据不同的阅读目的，运用简单的阅读策略获取信息。

（6）利用字典等工具书进行学习。

（7）除教材外，课外阅读量应累计达到15万词以上。

2. 研究意义

初中阶段的阅读还属于"learn to read"的层次，而不是"read to learn"。也就是说，初中阶段阅读的最主要目的还不是获取信息，而是让学生通过阅读来掌握阅读的技能和策略。针对这种现状，我们就需要在课标和新课改的引领下，在英语阅读教学中扩大学生的词汇量，提高学生的学习兴趣，培养学生运用已熟悉的知识对阅读材料进行感知、分析、综合、判断和推理。

3. 研究目的

在初中二年级英语阅读教学中使用思维导图的策略，首先，能够充分发挥学生的自主性，使学生积极主动地投入学习中，能够达到提升学生英语阅读兴趣的目的；其次，通过思维导图的引领和指导，学生能将阅读材料的表层和深层信息通过思维导图的线条、词汇、符号和图像等，构建个体自我知识网络可视化表达；最后，通过思维导图策略的实施，优化英语阅读课堂教学效果并注重学生核心素养的培养。

二、思维导图的定义和特征

思维导图理论起源于20世纪60年代初，由东尼·博赞第一次提出，它是一种表示信息和展示发散思维的图形工具。东尼·博赞认为："思维导图是一种非常有用的图形技术，是打开大脑潜力的万能钥匙。"

思维导图又被称为心智图，是表达发射性思维的有效的图形思维工具，它简单却又极其有效，是一种革命性的思维工具。思维导图就像神经细胞一样，由一个点散发出多条线。思维导图运用图文并茂的技巧，把各级主题的关系用相互隶属与相关的层级图表现出来，把主题关键词与图像、颜色等建立记忆链接。思维导图充分运用左右脑的机能，利用记忆、阅读、思维的规律，协助人们在科学与艺术、逻辑与想象之间平衡发展，从而开发人类大脑的无限潜能，因此具有人类思维的强大功能。东尼·博赞认为，思维导图有四个基本特征：①注意的焦点清晰地集中在中央图上；②主题作为分支从中央图像向四周放射；③分支由一个关键图像或者印在相关线条上的关键词构成，比较不重要的话题也以分支形式表现出来，附在较高层次的分支上；④各分支形成一个相互连接的节点结构，它可以增强趣味性，也可以增强创造力、记忆力，有利于信息的回顾。思维导图可运用于学习、生活、工作任何一个领域中。

三、思维导图认知发生的过程

认知的过程应该是积极主动构建知识的过程，而不是被动接受外界刺激的过程。学习者根据先前已有的知识和经验，将外在信息和环境相互转化，借助必要的资源与手段进行注意和有选择性的加工处理的过程。一方面，学习者使用先前的知识来构建当前事物的意义，从而获取更多的信息和知识；另一方面，学习者还应利用先前的知识，根据具体实例的变异性而重新改造和重组知识，并不是原封不动地提取知识。因此，学习者想要获得成功，必须自己去认知和转换复杂的信息。

思维导图的运用也强调了学生的自主积极性，即学生需要自己独立编绘思维导图。学生在创建思维导图的过程中，需要发挥主动性，在原有认知结构的基础上对知识进行加工、处理。思维导图对思维过程进行引导、记录并且回放的特点，可以帮助学生发散思维、厘清思路，使学生将旧知识与新知识相互融会贯通，最终形成比较完整的知识体系。因此，认知理论就是对思维导图的科学、有利的论证。

四、思维导图和阅读的关系

思维导图有利于学习者充分调动大脑的积极性，更好地开发大脑潜能，帮助学习者更加清晰地理顺知识间的联系，透彻地理解文章的组织结构和框架，抓住语篇关键信息。因此，思维导图对英语阅读有着非凡的价值。

1. 思维导图有助于激发阅读动机

从八年级上册到八年级下册，人教版（*Go for it*）的阅读篇目从一篇增至两篇，篇幅随之变长，而烦冗且长的文章一直是学习者望而生畏的，不易激发他们的阅读兴趣和阅读动机。所以，如何解决这个问题在英语阅读教学中至关重要。思维导图基于联想，无限延伸。一旦人的大脑关联到与之相关的其他任何东西时，它就会立刻发挥联想。另外，思维导图可以将枯燥、黑白的平面文字内容用色彩斑斓的立体可视化图形来进行呈现，从而帮助学习者激发阅读动机。

2. 思维导图有助于理解和记忆文章

有些学生在阅读中遇到长句或难句时，总是想方设法想要翻译它们，而忽视了从整体上理解和把握文章内容，因此很难抓住文章大意和关键信息。思维导图采用了不同的图像、变化的字体、色彩的改变等都能够突出重点，牢牢抓住学习者的注意力，帮助学习者更容易地把握和理解阅读材料、记忆重要信息。同时，思维导图将知识用图形的形式加以呈现，能够更好地激发学习者大脑的图像化机能，促进学习者对文章信息的获得和记忆。

3. 思维导图有助于培养组织能力

学习者绘制思维导图的过程，实际上是他们组织、整理、构建和生成各种知识的过程。在这一过程中，学习者能够更加了解和熟悉文章的组织结构和框架。同时，思维导图是一种比较开放的结构。在绘制过程中，学习者可以根据自己的理解，随时补充和修改思维和想法，从而使自己绘制的思维导图更加完善。

4. 思维导图有助于培养创造性和发散思维

思维导图可以帮助学习者多角度、全方位地思考和分析问题，从而找到解决问题的关键，培养他们的发散思维。同时，在绘制思维导图的过程中，学习者可以根据自己的性格、喜好，以及文章的特点等，运用各种颜色、图像等绘制独具个人风格的思维导图，激发学习者的创造性。因此，使用思维导图来阅读英语文章能有效地促进学习者激发阅读动机、理解阅读材料，使记忆时间更长久，同时能够培养学习者的组织能力、创造力并发散其思维。

总之，思维导图辅助英语阅读教学有助于学生对阅读文章进行整体认知和把握。英语阅读中利用思维导图，可以让学生根据文章内容画出不同的线条、图片或者图表来表达复杂的内部关系，有利于提高学生的阅读速度和阅读理解能力。学生利用思维导图可以充分发挥大脑的性能，在学习知识的过程中加入更多的自我思考进行发散思维，有利于对阅读材料的认识逐渐从感性向理性升华。思维导图可以帮助学生节约时间、提高阅读效率，有利于增强学生的立体思维能力和创新能力。

因此，在阅读中使用思维导图，对于学生理解阅读材料和提高阅读效率有着积极影响。

参考文献：

[1] 王笃勤.初中英语有效教学模式［M］.北京：北京师范大学出版社，2014：73.

[2] 托尼·博赞.思维导图：放射性思维［M］.北京：作家出版社，1998：11.

[3] 江巧妹.思维导图在初中英语阅读教学中的应用探析［J］.英语教师，2016（17）：138-141.

[4] 弗朗索瓦·多斯.从结构到解构——法国20世纪思想主潮（上卷）［M］.季广茂，译.北京：中央编译出版社，2004：序言.

[5] 刘瑞光.当代认知理论与教学思想的融合［J］.山东教育科研，2002.

[6] 苗晓红.中学词汇教学双优组合研究——元认知策略和思维导图［D］.济南：山东大学，2007.

[7] 康立新.国内图式理论研究综述［J］.河南社会科学，2011（04）.

[8] 张福.基于图式理论的英语语法教学模式构建［J］.山西师范大学学报（社会科学版），2012（S2）.

[9] 林建才，董艳，郭巧云.思维导图在新加坡小学华文教学中的实验研究［J］.中国电化教育，2007（10）：65-68.

思维导图在初中英语八年级上册阅读教学中的应用与研究

许 蓉

经济全球化趋势的日渐推进使得英语教育的受重视程度越发提升，而英语阅读作为教学的重难点内容，自然也受到学生和教师的广泛关注。英语阅读是初中英语教学过程中的重点和难点，在中考当中，阅读与综合语言运用约占40%，而八年级是初中英语教学的重要阶段。思维导图作为一种可视化的教学和学习策略，具有很强的实用性，将抽象的英语知识概念和事物转化为具体的图形，促进学生对知识的理解，具有高效、直观、形象等特点。在阅读教学中运用思维导图，能使文章重点突出、条理清晰、层次分明，帮助学生加深对知识的理解，提高学生的自学能力和创造性思维能力。

一、思维导图在初中英语八年级上册阅读教学中的作用

《英语课程标准》中提出，学习策略是灵活多样的，教师要有意识地帮助学生形成适合自己的学习策略，并不断调整自己的学习策略。在英语课程的实施中帮助学生有效地使用学习策略，不仅有利于他们把握学习的方向，采用科学的途径提高学习效率，而且有利于他们形成自主学习的能力。因此，教师需要改进阅读教学策略，不断提高学生的阅读兴趣和阅读能力。思维导图作为一种可视化的教学和学习策略，具有很强的实用性，将抽象的英语知识概念和事物转化为具体的图形，促进学生对知识的理解，具有高效、直观、形象等特点。在阅读教学中运用思维导图，能使文章重点突出、条理清晰、层次分明，

帮助学生加深对知识的理解，提高学生的自学能力和创造性思维能力。本课题研究将立足于八年级英语阅读教学实践，以现代教学理论为指导，根据教学内容学习已有的和探索出新的阅读教学方面的思维导图样式，帮助学生根据一定的逻辑顺序建构知识网络，从整体上把握所学的英语知识，提高学生的阅读能力，为学生的可持续学习和发展奠定基础。

二、思维导图在初中英语八年级上册阅读教学中的应用策略

1. 结合教材内容设计思维导图，提高教学成效

就目前来看，初中英语教学中的主要阅读文本来自教材，因此，教师需要充分结合英语阅读文本的内容设计，为学生提供相应的思维导图。需要注意的是，教师所设计的思维导图需要具备相应的思维性和规律性，通过对阅读内容的深层次把握，为学生呈现出文章的基础写作思路及其中的重要信息。思维导图是一种极具趣味性的教学方法，教师在设计思维导图的时候有必要充分契合英语阅读文本，激发学生的学习兴趣，为其成长提供多元化帮助。

2. 引导学生亲自制作思维导图，强化理解能力

思维导图的设计不仅可以由教师完成，更可以由学生完成。对于八年级的学生来讲，由于其尚处于青春期，因而普遍具备争强好胜的心理，教师需要有效利用学生的此种心态，引导学生亲自投入思维导图的制作实践中。在此过程中，教师应为学生准备各种颜色的画笔，用于绘制思维导图的框架，先行引领学生阅读文章，而后将自己所收获的知识填入思维导图中，这样可以有效强化学生的理解与应用能力。

3. 开展合作探究交流沟通活动，培养团队精神

思维导图的有效应用为学生合作探究交流提供了充足的空间支撑。在思维导图教学中，学生可以通过团队合作的方式交流讨论，进而概括出相应文章段落的中心思想，充分强化学习团队中的每位学生的能力。教师需要利用思维导图提取文章中的重要信息，不断提升学生的阅读水准及其综合素养高度。

众所周知，英语阅读课一直都是英语教学中的一个难点。首先，如果我们运用了思维导图这一有用的思维工具，无论对于老师还是对于学生来说，在进行英语阅读学习时都会达到事半功倍的效果，使得长篇阅读文章更简单、层次更分明、脉络更清晰，对于文章的细节和厘清文章的框架有很大的帮助，这也

为孩子们的写作课做了很好的铺垫；其次，课堂加入思维导图，也能通过学生的实际动手操作极大地调动学生的积极性，更能展现出一些学生非凡的绘画能力和想象能力，这样的话，英语课还能挖掘出很多艺术"千里马"来，一举两得；最后，在阅读课中加入思维导图的创新学习方式，阅读课就不再是以前那种学生们听、老师讲的枯燥难懂的课了，这不正体现出教学方式的创新和改革吗？这种改革使得英语阅读课的氛围轻松又和谐，也促进了师生间和学生间的互动和探讨。总之，笔者认为，利用思维导图进行英语阅读教学益处多多，思维导图的加入既是一次挑战，也是一次机遇。作为一线教师，我们就应该在日常教学中不断总结、不断创新、不断实践，才会不断进步！

参考文献：

[1] 卫书颖.论思维导图在初中英语词汇教学中的应用[J].课程教育研究，2020（16）.

[2] 金顺芳.谈思维导图在初中英语阅读理解技巧训练中的运用[J].才智，2019（30）.

[3] 张艳，卢庆广.基于学科核心素养的初中英语翻转课堂教学模式探讨[J].中国教育技术装备，2019（13）.

谈七年级学生良好的英语学习习惯的培养

王晓瑜

英语课程承担着培养学生基本英语素养的任务，即学生通过英语课程掌握基本的英语语言知识，发展基本的英语听、说、读、写技能，形成用英语与他人交流的能力，为今后继续学习英语和用英语学习其他相关科学文化知识奠定基础。由此可见，对于七年级学生来说，要想促使学生达到英语课程中工具性的要求，只有先从培养学生良好的英语学习习惯开始，才能全面地提高学生的英语学习能力。

如何根据新课标的要求及学生学习的情况，培养学生良好的英语学习习惯？古希腊伟大学者柏拉图说："良好的开端是成功的一半。"一开始，教师就要让每位学生明确学习英语的目的及端正学习英语的态度，并帮助学生逐渐形成科学的学习方法、养成良好的学习习惯，帮助他们顺利入门。

一、规范书写并贯穿始终

从学生刚进入初中开始，就要结合实际强调书写的重要性，让孩子们从根本上认识到好的书写能给自己带来更多的收获。从最基础的26个字母开始，鼓励学生认真书写。刚开始时，先在四线三格本上用铅笔放慢速度，认真地模仿书本中字母的正确写法（包括笔画）。等做到书写流畅、字母规范时，再换其他笔写。逐渐过渡到句子后，才能牢记句子的书写规则，如句子的首字母应大写、单词与单词的间隔要均匀、标点符号要写在正确的位置上等。其次，要指导学生规范书写句子。关于学生的书写作业，我们应进行及时、正确的评价，给予书写优秀的学生肯定和表扬，增强其学好英语的信心，对于书写不规范的学生找到其问题所在，鼓励他们继续努力。良好的英语书写的培养是一个漫长的过程，我们务必要采取多种多样的方式促使孩子们坚持不懈地努力，一定要把握好英语的书写关，力求让每一位学生正规地、流利地书写。

二、要求学生做好课前预习和课后复习

"预习"就是在听课前将老师要讲的内容事先看一遍，做到初步了解，为学习新知识做好准备。了解了教材的内容，学生才能带着问题听课，就可以有选择地、重点地听讲和记笔记，较好地消化所讲的内容，从而大大提高听课的效率，集中精力解决困惑。然而，预习的目的和要求必须明确清晰。如针对是新授课、听力课、阅读课、习题课、写作课，还是复习课，教师应先告知学生预习的内容，结合学案预习，并重视对于预习的检查工作。如果学生课前总是能认真地读写，一上课就能进入角色，我们的课就已经成功了一半。课前预习不仅能激发学生的认知兴趣，还能让学生更好地理解、记忆所学的知识。另外，教师要想让学生能坚持做好预习工作，就必须不定时地给予学生评价，多表扬一些预习出色的同学，并说明理由，促使其他同学找到预习的方向并更有效地完成预习。而课后及时复习也是一种促进英语学习的好方法，它可以战胜遗忘。在英语学习中，一定要做到反复记忆。学生在课后要经常反复记忆所学的单词（多拼、多写、多找规律），多看笔记和之前做错的练习题，朗读并背诵所学的课文等，这样才可以更好地巩固所学的知识。

三、努力创设一个良好的英语学习氛围

要激发学生学习英语的兴趣与热情。"兴趣是最好的老师"。英语对七年级的学生来说，是一门较新的学科，因此，学生既有可能产生好奇，又有可能产生畏难情绪。作为英语教师，一定要抓住这个有利契机，善于把握学生心理特点，进一步激发他们学习英语的热情与兴趣，让每位同学都能明确学习英语的目的及应该具备的态度，并帮助学生逐渐形成科学的学习方法、养成良好的学习习惯，帮助他们顺利入门。首先，教师在课堂教学中要设法结合学生实际，多设置形式多样的活动，创造交际活动的情景，以增强学生学习兴趣，使他们积极主动地参与到课堂活动中。例如，学习七年级第一册预备级至一单元的"Good morning. Good afternoon. How are you? Nice to meet you. What's your name?"等日常用语后,在学生会话时,要求学生要学会懂礼貌,问候语与动作同行;教师在校园内与学生见面时,充分利用这些交际用语主动与学生用英语打招呼;学到第二单元时,让学生带来自己家庭的照片并向大家介绍自己的家庭。通过这些活动,让全班所有学生都能对眼前全新的英语课堂感觉耳目一新,兴趣倍增。这种积极向上的大环境能增强学生认真学好英语的信心。其次,努力使学生大胆开口,培养语感。学习任何一种语言都离不开勤讲、多练和常用。教师在课堂上要为全体学生提供尽可能多的说英语的机会,让他们在各种情景中跟教师学说,跟录音跟读,自己大声朗读,与教师、同学互讲等。刚开始,学生可能觉得不自然,甚至很可笑,但渐渐地适应了就会越来越好。在教学过程中,教师的评价也是至关重要的,教师应多用语言表示对学生的肯定。例如"Good""Very good""Excellent""Good job""Well done"等。同时,教师要注重激励学习能力较低的学生,如"Come on..."只有这样,才会有更多的学生能说英语,爱说英语,会说英语。

四、要求学生认真做好课堂笔记

笔记是一种永久性的系统性的记录,有利于克服大脑储存知识的局限性。通过一段时间的观察,笔者发现学生不愿记笔记,不会记笔记。要做好听课笔记,必须调动你的眼、耳、心、脑、手,笔记内容要注意重点、难点、疑点、新观点、关键词和线索性语句,提纲挈领地记录。俗话说"好记性不如烂笔头",这就充分道出了勤记笔记的重要性。在教师讲课时,学生要使自己的思路始终跟着教师转;当课堂知识涉及语言规则、重点和难点时,学生要及时记下来。这样,一方面能紧跟教师的思路,不致走神;另一方面,留下了课后复习的依据,若有不懂,可及时询问。教师刚开始要注重引导学生记好笔记,并做好监督,比如,提示学生本课的重难点,定时查书中笔记,等等。

五、帮助学生端正做作业态度,乐于作业,勤于作业

教师应该针对七年级各学习环节的不同特点给学生适量布置听、说、读、写、背方面的作业,一定不能过多,还要有实际意义。在批改作业时,教师一定要给予学生评价,使学生知道自己的问题所在,并加以改之;与此同时,为了使学生更进一步,严格把好改错关。

著名的教育家叶圣陶先生说："凡好的态度和好的方法，都要使它化成习惯。只有熟练成了习惯，好的态度才能随时随地地表现，好的方法才能随时随地地应用，一辈子受用不尽。"由此可见，培养学生良好的英语学习习惯是英语学习的重中之重。然而，良好的英语学习习惯的养成不是一蹴而就的，但是只要教师注重教学中的点点滴滴并坚持不懈地引导，就一定能够使学生的英语学习达到事半功倍的效果，并养成良好的英语学习习惯。

参考文献：

［1］束定芳，庄智象.现代外语教学：理论、实践与方法［M］.上海：上海外语教育出版社，1996.

［2］陈琳，工蔷，工晓堂.《义务教育英语课程标准（2011年版）》解读［M］.北京：北京师范大学出版社，2012.

［3］中华人民共和国教育部.基础教育课程改革纲要（试行）［Z］.2001.

［4］陈峰.教育就是习惯培养［M］.北京：九州出版社，2008.

［5］邵瑞珍.教育心理学［M］.上海：上海教育出版社，1997.

［6］徐亚东.如何培养学生养成良好的英语学习习惯［J］.新课程学习（基础教育），2010（12）.

［7］窦东友.现代教育、技术与英语教学［D］.上海：华东师范大学，2003.

［8］董苏蝉.初一英语衔接式教学［J］.中国校外教育，2013（26）.

［9］卿娅萍.中小学英语教学衔接的探索和实践［J］.中国校外教育，2012（19）.

［10］刘桂兰.培养学生良好的学习习惯［J］.山西教育，教育管理，2006（12）.

核心素养背景下初中英语课堂如何进行导入

陈 密

一、为什么要导入

一本成功的小说，开头部分具有很重要的作用，如果开头很有趣，就会吸引读者一点点看下去。上课也是一样，一位好老师应该知道怎样吸引学生进入课堂，如何从上节课向本节课自然过渡。教师导入成功，能吸引学生，使学生产生求知欲和好奇心，从而积极主动地参与课堂教学，为整个教学的成功奠定一个良好的基础，从而有效完成教学任务。教学是一门科学，也是一门艺术。在影响课堂教学的效率和激发学生学习兴趣的众多因素中，课堂导入是至关重要的因素之一。

教学的生命力贵在创造。上课伊始，教师如能迅速把学生带进一个与教学任务和教学内容相适应的理想境界，创造一种与教学情趣相融洽的课堂氛围，就会较好地激发学生的学习兴趣和求知欲望，把学生引入最佳的学习状态，从而把他们的注意力引导到指定的教学任务和程序中来，自然地过渡到新内容的教学；相反，如果教师呈现新知识的方法单调呆板、平平淡淡、千篇一律，学生就会产生厌倦情绪。

二、导入艺术的阐释

导入是教师引导学生做好学习新课知识的心理准备、认知准备，并让学生明确教学内容、学习目的、学习方式，以及产生学习期待、参与需要的一种教学行为。简而言之，导入是教师在一个新的教学内容和活动开始时，组织学生进行课前的心理准备和知识准备，引导学生进入学习的行为方式。导入是整个教学活动中的热身活动，目的是让学生在最短时间内进入课堂学习的最佳状态。它要求教师能迅速创造一种融洽的教学情调和课堂氛围，把学生带进一个与教学任务和教学内容相适应的理想境界。

三、新课导入的基本要求

任何事情的发展，都受特定规律的支配。英语教学的各环节也受其自身规律的支配，因此在设计导入时，教师应遵循以下原则。

1. 导入应注重贴近课文的原则

导入是整个课堂教学中的一个环节，绝不是孤立存在的。导入应从教学目标和教学内容出发，结合新学的课题，为此开道铺路，切忌随心所欲。导入必须为整堂课服务。教师在设计导入环节时，不可漫无边际、泛泛而谈，一定要将导入的方式、内容与所教课文有机地结合在一起。

2. 导入环节应贴近学生的实际生活

只有选取学生实际生活中的某个层面、某个细节或他们所熟知的一些知识领域，而后借题发挥，联系到所要学的对话或课文，才能既被学生所接受、所喜欢，又能顺利引入相关对话及课文的学习。

3. 导入的设置应该自然、恰当

每个人的心理认知过程都是有特定的规律的。对于新事物、新观点的接受，要么通过由此及彼的比较，要么通过举一反三的联想，要么经过水到渠成的归纳。因此，导入环节的设置要注意与所讲知识的衔接，千万不可强拉硬扯地过渡。

4. 导入应力求新颖、别致、有趣

导入应引人入胜，有艺术魅力，切忌刻板乏味。为此，教师的语言要风趣活泼，态度要热情开朗，引入方式要新颖多样，引入手段要形象直观。导入环节应力求有突破、有创新，切忌落入俗套，那样会削减导入的效果。因此，在导入环节设置中，应该做到形式变换多样、内容推陈出新，使整个导入环节出乎意料又在情理之中。

5. 导入要引思

导入不仅要为学习内容定向，还要为学生的思维定向，使学生一开始就形成教学需要的状态，切忌平淡带过或机械灌输。为此，导入要注重创设问题情境，以疑促思；要善于以旧拓新，促进迁移；要让学生参与活动，发现矛盾，积极思考。

此外，导入应该注意时间的控制，要简洁。对整节英语课系统而言，导入不是也不能成为主体，它只是一个前奏，所以在时间分配上就应该注意适度，一般应控制在3～5分钟（也可以短至2～3分钟或简单的几句话）。

四、导入的方法

"教学有法，但无定法"，这句话告诉我们在教学之中，应该依据教学规律和原则去自由创新自己的教法。教师可在充分考虑学生的心理、认知特点和所教知识的前提下，自由创新出一些好的导入方式。教育家夸美纽斯在他的《大教学论》中指出："教学是一种教起来使人愉悦的艺术。"好的课堂导入能使课堂气氛变得轻松活泼，师生关系更融洽，从而能顺利进行课堂活动，提高课堂效率。所以导入一定要有较强的目的性，让学生明确将要学、怎么学，或以旧拓新，温故而知新；它更具有趣味性和启发性，能引起学生关注，形成悬念。下面根据笔者个人的教学实践，总结出以下几种导入法。

1. 复习导入法

采用复习的方法导入新课是我们使用最频繁的导入方式，便于学生巩固已学知识，将新旧知识有机联系起来。复习导入法一般是通过教师与学生自由对话、提问、默写、竞赛等方式进行，特别是进入复习阶段使用较多。

2. 游戏导入法

在英语教学中，适当地加入一些游戏，既能调动课堂的气氛，又能激发学生参与的积极性，达到寓教于乐的目的，并对新课的引出起到良好的示范作用。例如，在教学初一（上）Unit 5 "What are you doing？"时，可以设计这么一个游戏：让学生到讲台前抽签并表演动作，引出新句型"What is he/she doing？"。当然这些动作都是学生学过，而且是很容易表演的。这样就成功地将新语法与句型导出。

3. 故事导入法

例如，在教学"He Lost His Arm But Is Still Climbing."（人教版八下）时，首先把课文缩成一则小故事，讲给学生听，然后针对阿伦·罗尔斯顿的国籍、爱好，以及他那种不屈不挠的精神等内容进行提问，使学生产生强烈的求知欲。

4. 实物导入法

实物导入法是最直观、最形象的导入方法，把实物带入课堂进行教学，会让学生觉得新鲜、有趣、简洁，语境真实。

5. 设问导入法

教师根据教材新旧知识的联系，抓住新课重点导入，以激发探索问题的兴趣。例如，在教学初一（上）"Unit 1 English name"内容时，可问学生"Do you know my name？"或"Do you know my first name/ my family（last, full）name？"又如，在教学初一（上）"Unit 8 When is your birthday？"时，就可以先问班级有多少学生知道父母的生日，或者用名人及明星的照片来导入新课。

6. 情境导入法

在导入时，可根据教材特点，为学生创设一定的可感情境，让他们置身其中以积累感情，从而形成动力，上课效果也会大大提升。情境是有效使用语言和话语是否恰当的重要根据，将学生放在创设的情境中学习运用语言，既可以帮助学生理解语言的内容和形式，还可以激发他们的学习兴趣。例如，在教学九年级 Unit 4 "What would you do？"时，笔者让每位学生都加上想象，把自己想成已经拥有了很多钱的亿万富翁，或者贫穷落魄的乞丐，也可以是电脑高手、知识渊博的教授，等等，如果是那样，自己该如何生活处世。教师在虚拟的情境中导入一些新语言项目——虚拟语气，让学生能对语法难点进行初步感知。

7. 表演导入法

教师根据教材内容特点，分别让学生扮演一定的角色。如教学英语中的招呼语时，可以让不同性格的学生扮演不同的角色，如明星或名人。学生见到自己喜欢的"明星"，都争先恐后地与他们打招呼。

8. 调查导入法

如复习九年级"Unit 1 How do you study for a test？"时，就可以问学生是通过哪些方式来复习的，引导学生参加各种游戏活动，使学生全身心参与到教学活动中。如在教学初一（上）"Unit 8 When is your birthday？"时，就可以先问班级有多少学生知道父母的生日，或先问会不会唱 *Happy Birthday* 这首歌，那么要了解对方的生日，怎样用英语表达呢？

9. 看图导入法

教师向学生展示一幅或一组图画，要求学生仔细观察后，用英语讲述图画内容。这种方法既能培养学生的观察力、想象力、鉴赏力，又能培养学生的口头表达能力，如在教学初一（下）"Unit 5 I'm watching TV. Section B 3b"时，就可以利用一些图片让学生描述图片中人物正在做什么。另外，在学习"there be"结构时，也可采用此方法。上学期，我们的李容情老师给我们上的示范课就是采用了看图导入法。

10. 音乐欣赏导入法

音乐可以给人以美感，陶冶人的情操。笔者相信学生对音乐都是非常喜欢的。用音乐欣赏导入新课，可以激发学生的学习兴趣，启迪他们的心智。

11. 直观形象法

当今社会已进入信息时代，丰富的信息资源给了我们广阔的选择空间。无论是精美的图画、美妙的音乐，还是精彩的电影片段、巧妙的课件，都可以有意识地加以利用，使之成为构思新颖的导入形式。例如，在教学"Save the Sharks!"时，笔者采用了猎杀动物的资料片，这样直观形象的导入能激发起学生强烈的求知欲望，起到很好的"激趣"作用。

12. 自由谈话诱导导入法

谈话诱导法就是从和学生谈话开始，谈思想、谈生活、谈学习。但是并非漫无边际地谈，而是要紧紧围绕一个主题，而这个主题就是本节课的中心内容。

13. 利用文中插图，通过问答、讨论的形式进行导入

新编英语教材图文并茂，几乎每一篇阅读课文均配有与该材料有密切联系的插图，有的是为了提示教材难点，有的是为了印证教材观点，有的是为教材重点服务。通过对此插图的描述、问答和教师言简意赅、提纲挈领的导语，逐步引入本课的话题，让学生适度了解话题的内容，易激发学生内在的学习动力，使课堂气氛活跃；利用文中的插图导入新课，能激活学生的认知图式，并使其产生阅读课文以了解信息的愿望，为之后的教学铺平了道路。

14. 以旧带新导入法

这也是我们常用的方法。教师要有意识地选择一些与新知识有内在联系的已学过的知识，按温故而知新的原则，或进行对比，或进行突如其来的提问，以唤起学生对已学知识的回忆，自然地引入、接触进而理解新知识，从而达到温故而知新。例如，笔者要讲一般将来时，就用现在进行时导入，把现在进行时的时间状语一改，时态也就跟着出来了。又如，在教学一般过去时的时候，就用一般现在时导入，一般将来时可以导入过去将来时，现在进行时导入过去进行时，现在完成时导入过去完成时。需要注意的是，这种导入要有较强的相关性，才能以旧拓新，温故而知新。

15. 预习导入法

在课前，教师就应布置预习内容，最好设置几个问题，然后再在课堂上有针对性地提问，使学生不知不觉地进入学习状态。这种方法能使学生对所学内容有较为充分的心理准备，并培养学生的自学能力，使学生养成良好的学习习惯。

（1）你可以找到多少我们学过的有关情感的形容词？

（2）我们学过的有关"make"的用法有几种？

在学生回答的基础上，结合新课程理念更加深入地探讨。运用这种方法要注意两点：一是布置的预习问题一定要具体，不可过多、过难；二是提问要紧扣课前所布置的内容。

16. 视频导入法

视频是一种形象、生动、直观、寓教于乐的教学工具。借助于视频，能很快地吸引学生的眼球，激发学生的学习兴趣。

视频导入在 Reading 的教学中应用是比较多的。我们只要使用一小段视频，就可以很容易地向学生解释清楚一个他们原本很陌生的概念。

这样的情境引入生动有趣，并且把抽象的内容现实化，使学生更加直观地理解新知识，从而激发学生学习的积极性，进而快乐地投入学习中。

当然，课堂的导入要起到凝聚、激发和铺垫等作用。导入方法的设计要因课型的不同而不同，新授课要注意温故知新、新旧衔接；讲授课时要注意承上启下、前后照应；复习课要注意归纳、总结。我们在教学过程中，只有因地制宜，找出适合自己特点的导入方法，才能达到最好的效果。

因此，导入一定要有较强的目的性，让学生明确将要学什么、怎么学、为什么要学。教师只有不断地在课堂实践中运用导入的各种方法并加以比较、总结，才能摸索出最适合的方法。总之，在英语课堂教学中，教师应结合所教学生的实际，充分调动一切新颖的，遵循科学性、实用性、启发性和趣味性的有效方法，采用易于被学生接受的教学手段。导入要起到凝聚、激发和铺垫等作用。

五、收获与思考

通过对导入艺术的研究，笔者有一定的收获，但也有一些思考。

1. 收获

中学生活泼好动，上课后很难安静下来，但教师通过运用巧妙的方法导入新课，使学生的注意力很快被集中起来，并迅速进入新课的情境或意境之中。各种形式的课堂导入相当于一个热身，它有助于营造一种轻松又热烈的课堂气氛。在这样的课堂气氛中，师生之间是和谐的，教学效率是高的。同时，兴趣是学习最好的老师。在课堂的一开始，教师采取有效的课堂导入方式，引发了学生的学习兴趣，活跃了学生的思维，获得了较高的学习效率。

在课堂导入时，教师采用种种方式将学生置于新的环境中，激起了学生在原有基础上的新的认知需求，使学生明确了对于新的教学内容，自己的认知需求到底是什么。同时，教师引导学生复习了旧知识，引出了新知识，有助于学生明确教学活动的目标和任务，使教学有的放矢。

2. 思考

在课堂导入中，要充分考虑学生的年龄特点和不同层次的学生间的差别，采用不同的导入方式，对于低年级的学生应采用生活化、兴趣式的导入方式，而对于高年级的学生则主要运用任务型、讨论式的导入方式。

导入没有固定的模式，不同的课堂教学，不同的教学重难点，不同的教学目标，其导入方式都应有所侧重，不能千篇一律。教师只有不断地在课堂实践中运用导入的各种方法并加以比较、总结，才能摸索出最适合的方法。

"互联网+"背景下初中英语教学模式与实践转型研究

苑凤华

"互联网+"的应用与推广给信息化教学提供了新的发展动力。以"互联网+"为代表的信息技术借助图片、声音、视频等手段实现教学内容的具象化、生动化呈现,为教学实践提供了新的方式。在信息化的建设、使用方面,不同的学校、教师会结合各自实际情况进行实践尝试和探索。笔者也将结合实际的教学情况开展具体分析。

一、英语教学中运用"互联网+"的必要性

1. 激发学生兴趣

"互联网+英语"的融合使得信息技术走进学生的学习和生活。学生采用多样化的信息技术手段进行学习,接触到更多的学习资源,生动、丰富的内容对学习者产生感官刺激,增强了学习主动性;同时,学生可以根据自身对知识的把握情况,突破传统教学对时间和空间的限制,随地可学,实现听、读、看转换,自主掌控学习进度与内容,增强学习个性化。

2. 改进教师教学

基于"互联网+技术",教师可以组织引导学生开展多样化、多模式的教学实践,改变完全依赖一本教材的教学模式,可以有效实现教学资源的整合与应用,使得信息化教学方式对教师的教学组织、控制过程产生影响。教师既可

以充分探索、挖掘网络资源，进行有效整合后改进教学，也可以实现与同行的交流、借鉴，促进资源共享、信息流通。

3. 提升教学质量

"互联网+"等信息技术在教学中的使用，使得课堂教学方式多样化，促进了教育资源共享。互联网创新手段的融入，会让课堂教学、课堂管理、课堂评价更加专业。教师可以对不同的学生进行学情分析，促进了课堂教学质量和效率的提升，特别是对于经济不发达地区而言，更有助于实现教育公平。

二、"互联网+英语"课程的教学实践模式

根据教学目标、教学内容、教学方式等不同的要素，结合笔者在英语教学中的经验总结，信息化背景下的教学实践模式大致包括以下几种类型。

1. 即时应用

顾名思义，这种教学方式是指在英语课堂教学的过程中对信息化技术手段进行实时应用，促进师生之间、生生之间、人机之间交流的即时进行，这也是在当前的英语课堂教学中使用得较为充分与成熟的教学模式。举例来讲，在课程导学、情境模拟教学、课堂评价等方面可以有效应用。比如，在课程导入阶段，教师可以从慕课等平台选择符合课程重难点的视频资料，也可以自行制作微视频等，引导学生通过观看视频导入课程。又如，通过借助情境开展教学，学生可以在虚拟环境中开展人机互动，练习听力、口语。利用网络信息化平台，模拟面试、购物等场景，在此过程中对已经学习的常用对话、高频词汇进行练习、巩固，以情境教学的模式组织课堂练习的完成。再如，教师在课程的进展过程中，依赖技术手段实时掌握学生学习方面的数据，借助一定的平台技术手段对学生的测评数据进行综合性分析，进而对学生的综合能力形成认识，改变了仅仅依靠考试成绩评估学生的学习能力的方式。基于对学生学习情况的综合预测，动态地调整学生学习内容、教学组织形式，实现教学的针对性、精准化。

结合人教版新目标初中英语教学的具体内容来说，在讲到"You're supposed to shake hands."这一单元时，教师可以在课前收集不同国家交往礼仪的小视频，将这些小视频剪辑制作成微视频集合后，作为课前情境导入素材应用到教学环节，既可以向学生展示生动、有趣的礼仪情节，也可以激发学生的学习

兴趣。

2. 协作应用

在协作应用模式中，借助计算机技术，多名学习者之间相互合作，既能够强化内容学习，又可以开展探究学习。基于学习目标和内容的不同，学习伙伴既有彼此的合作支持，又能够开展竞争，实现优势互补、共同进步。在具体的课堂实践中，教师可以通过多主体竞争性学习、分组等方式运用信息化手段，比如，组织学生进行对话配音、在线测试活动，让学生通过信息化方式练习听、说、读、写，既可以测试学生学习水平，又可以实现学生之间的互相带动。再如，教师根据学生的英语学习程度适当分组，让学生在课外可以通过结对子互助问答、录制视频等方式完成课外练习，实现同学之间的互帮互助。

举例来说，在"How much are these socks？"这节课的课堂学习后，开展对话练习巩固知识时，教师可以引导学生使用英语流利说、英语趣配音等软件，在一定的虚拟语境中引导学生在线上进行开口练习、模仿，提升学生的口语运用能力。在单元小结或者学期总结时，教师还可以在学生测试环节引入问卷星、菁优组卷等在线答题制作、测评软件，进行在线考试，评估、分析学生的学习水平，借助数据了解个体和整体状况。

3. 讨论应用

讨论式教学模式是在信息技术的支持下，学生之间、学生与教师之间进行线上学习探讨，实现组内自由发言，围绕一定的主题进行学习内容、学习方法等方面的探讨。例如，在课后作业完成过程中，可以自行组合建立学习小组，学生之间能够借助网络群组远程实现互相交流、督促、互评等，在互相鼓励的氛围中促进英语学习活动的进行，或者在基于网络技术而建立的虚拟学习社区、交流论坛上开展互动，丰富和拓展讨论式学习的渠道，促进沟通与互助。

例如，在学习了"Can you come to my party？"这节课之后，教师可以利用微信、QQ等互联网交流软件组建学习群，布置课后练习作业。这样，学生可以远距离互相练习、交流，教师也能够定期进行链接、课程资源等学习内容的精准推送，形成较好的学习氛围。再如，沪江论坛等是许多英语语言学习爱好者进行交流探讨、资源分享的重要网络互助平台，为学生课余丰富、拓展英语学习提供了平台。

4. 自主应用

信息技术在英语教学实践中的自主应用，是指学习者借助网络平台或者互联网手段，结合自身学习需要开展自主学习的过程，学习主体的主观能动性在这一过程中得以体现。借助学习平台，学生可以充分进行课前预习、课后复习、完成课后作业，等等。建立在信息技术基础上的学习资源库庞大且内容丰富。学生不仅可以利用课本开展学习，还可以使用网络平台、学习软件、慕课、微课、微视频等多种渠道开展学习，并通过网络作业系统完成作业。例如，在学习了某一章节的英语对话及语法之后，学生可能对句型、语法、发音等尚存未理解透彻之处，而数字化平台为学生自主学习提供了多样化的选择如有声点读软件、自主学习平台、翻译软件、单词学习软件、扫码学习等。学习者可以结合自身对知识的掌握程度，选择不同教师的课程开展个性化的自主学习，还可以借助装载语音识别技术的应用软件进行口语练习，在口语练习过程中得到快速反馈和纠错，借助自动评分等功能提升口语发音准确性。

例如，在学习了"Can you play the guitar？"这节课之后，不同的学生对于授课内容的把握程度、知识点领会程度是不一样的。如果学生对"Can..."句型的询问用法不能准确使用，可以利用教师制作的二维码扫码获取教学资料、课件等再次巩固学习，也可利用教师推荐的微视频、慕课等课程进行语法学习；如果对单词记忆存在困难，可以使用沪江开心词场等单词学习软件，通过建立属于自己的单词本等形式进行词汇的记忆、掌握。这些信息化手段在学生自主学习中的应用，可以看作课堂学习的延续。

三、"互联网+"促使英语教学模式发生转变

1. 教学内容

教学内容是教学的基础，是教学的依托。传统的英语教学往往单纯依靠一本英语教材，教学内容有所限制，显得单一，制约了课堂的丰富化程度，不利于对学生产生足够的课堂吸引力，降低了学生对英语学习的兴趣。而信息化手段的使用能够扩展和丰富英语教学内容，让教师教学不再局限于单一的教材，可以采用多元化、开放式的教学资源，实现资源选择的自主性、多样化。比如，"和教育"平台为不同省份、不同年级、不同学科提供了丰富的辅助学习

资料和教学资源，可以让学生自主学习；教师充分备课，暑期直播课堂也为学生假期学习提供了多元化的选择。

2. 教学目标

基于信息化教学的应用，教学目标相比于过去也发生了变化。在开展信息化教学之前，教师使用同样的教学方法、教学资源开展英语教学，对学生的学习程度、学习需求等方面缺少区分，没有充分结合学生个体的需要开展英语教学，教学目标追求的是整体性推进。"互联网+"与英语学科教学的融合，使得教师可以借助技术手段了解并关注不同学生个性化的学习需要，开展分层教学，并将信息化数据反馈的信息作为下一步教学的依据，从而优化教学方式、教学内容，满足学生特色化需求，使得教学的灵活性、丰富性得以呈现。例如，笔者将学习强国App中的慕课板块中英语学习的优质内容推荐给了英语基础好、接受能力强的学生，让他们在完成必修学业的同时进行选学，让分层教学发挥作用。

3. 教学手段

以往英语教学手段单一，一本书、一块板、一张嘴、一份PPT课件构成了教学开展的必备因素，这使得学生学习英语完全依赖于教师，使得学生难以具有发挥主动性的空间，教师的教学任务也比较繁多。但采用多元化信息技术手段之后，教师可以将多种技术手段引入课堂，不再受到外部条件的制约，并且根据学生的具体情况实现教学方式的恰当使用，实现教学手段对教学方式变革的充分渗透。举例来说，利用翼课纸笔智慧课堂，教师线上发布写作任务，学生在电子手写板上写英语作文。学生的笔迹实时显示在教师应用端屏幕上，作答进度、提交进度实时可见；任务收取后，系统即刻识别学生书写笔迹并自动批阅，实时反馈学情数据。

4. 教学评价

教学评价是教师对学生学习情况的分析。先前，教师对学生进行评价依据的是一次次考试的成绩。这种评价是"一锤定音"式的，是结果导向型的，虽然有一定参考价值，但难免失之偏颇。信息化背景下，教师需要在学生学习的过程中持续性借助学生学习活动中产生的数据对学生进行分析。这种数据结果依托一定的计算方式，是逐渐形成和产生的。教师通过全程记录的动态数据，可以看到学生前后发生的变化，更多地基于学生的日常学习活动表现给予评价，评价视角和维度更为多元化，教学活动的开展也有了更为充分的依据。比如，教师在课前可以根据翼课网学情数据分析，把握学生个体差异和学习过程性变化，对教学策略进行适当调整，借助信息化手段实现以学促教，有效提升教学效率。

5. 教学角色

在"互联网+"等信息技术充分应用的情况下，教师可以贯彻"以学生为中心"的原则，让学生发挥主体地位的作用；教师为学生提供学习资源，对学生进行引导与督促，实现学生先学、教师后教；教师可以依据学生学习状况调整课堂开展进度，精准、有效地组织教学活动。以学乐云教学为例，学生作为学习主体在客户端进行学习、练习或复习，而教师作为监督者、指导者，能够借助智能分析结果迅速发现教学问题，再作为课堂活动实施者精准制订教学计划。

四、英语教学中优化"互联网+"应用策略

1. 强化信息化应用意识

信息技术与教学的结合，并不是借助技术去解决英语教学中的难题，而是要实现"互联网+"与学科教学的融合，而实现这种融合的趋势与目标，需要教师的教学理念发生根本性转变。教师既要充分认识到"互联网+英语"教学的可能性、重要性，又要成为借助信息技术进行课堂构建的实施者，推动信息技术在基础英语教学中的普遍化使用，认识到自身在信息化教学进程中的角色的多重性，以信息化观念的转变驱动信息化教学的发展。

2. 提升师生信息化素养

对于教师素养提升而言，在步入工作岗位之前，师范类高等院校可以通过信息化相关课程的具体设置加大对未来教师的信息素养的培养力度；走上工作岗位后，学校可以组织开展教师的培训，既要有专业性、知识性培训，又要注重提升教师的技术能力与信息素养，使得教师不仅作为英语知识的输送者，更要以信息化的素养构建课堂、开发课程，成为建构者、开发者，以满足学生需求为导向，实现信息素养的提升与信息技术应用实践的推进。

对于学生而言，要通过教师创设的活动——微视频拍摄、戏剧角色扮演，等等，积极借助信息化手段完成任务、获取知识，同时加强学习，不断提升对信息技术的认识与应用能力。

3. 增强学生参与自主性

"互联网+"与英语课程融合的这一信息化过程，应该改变的不仅仅是教师的教学模式，更应该注重学生学习模式的变化。毕竟，教学手段的创新最终是为了实现以学生为本的教学目标。在借助信息化手段对学生的能力结构、知识掌握等方面进行判断的基础上，引导学生参与信息化过程，可以借助技术手段为学生制订符合自身特质的学习计划与课程，增强学生学习的针对性、系统性，做到有的放矢、因材施教，并以此作为工具，促进学习能力、学习水平的提升。

4. 加强设计与整合资源

一方面，实现英语教学与信息技术的整合需要在学校教育信息化的整体框架下持续推进，实现制度设计、教学条件等协调同步发展。这要求学校主动拥抱教育教学的新变化，强化整体信息化改革的设计方向。另一方面，不仅要注重教材这一重要教学资源的修订、创新，实现知识更迭与社会发展的同步，也要重视对多元化学习资源的筛选、整合与应用，优化学习资源的配置方式。利用优秀信息化成果开展英语教学的过程中，看到不同的互联网信息技术与英语教学相结合的可能性，根据教学内容、教学策略、教学特点等选择得当的技术手段。

五、结束语

教育信息化是支撑和引领教育现代化的重要手段。"互联网+"与初中英语教学的融合，改变着教育实践的模式。在推进"互联网+"在初中英语教学领域的应用与发展的过程中，需要看到信息化教学带来的转变与面临的问题，有针对性地找到优化策略，促进信息化教学的纵深发展，实现信息技术与英语教学的深度融合。

参考文献：

［1］朱映洁."互联网+"环境下初中英语"翻转课堂"教学模式研究［J］.学周刊，2017（27）.

［2］王淑侠."互联网+"背景下基础英语教学新模式探究［J］.新校园（上旬），2017（1）.

［3］盛普聪.教育+互联网技术应用与初中英语教学模式转型［J］.现代交际，2018，481（11）.

［4］白丽烨.互联网+对初中英语教学模式的影响［J］.中学课程辅导（教师通讯），2017.

［5］纪娜.浅谈互联网模式下的初中英语教学［J］.赤子（上中旬），2017（04）.

师生共同反思，为我的英语课堂教学注入了新的活力

潘淑红

教学反思是一种有益的思维活动和再学习活动，可以帮助教师检查是否达到教学目标、分析教学中的不足、记录教学中的困惑，从而发现自己的教育教学方法是否适合学生。可以说，一名优秀的教师也是在不断地学习和反思中历练和成长起来的。教师不断地反思会不断地发现困惑，从而不断地加强学习，提升自身的教学水平。教学反思在英语教学中的作用更是不容忽视。因为英语毕竟不是学生的母语，学生在课堂教学中对语言知识的学习效果究竟怎样，作为教师，我们也可能会判断失误。有时候，热热闹闹的课堂活动或许只是一种表象，作为教师的我们很可能也会被迷惑。学生究竟在这堂课中学到了多少东西？他们的课堂表现与课后的真实反馈是否存在"两张皮"的现象？这其实是教师更应该关注的。提到教学反思，我们想到的一定是教师对自己课堂教学的评价和反思，即在肯定自己的教学亮点的同时，根据课堂教学效果反思自己的不足。但在其过程中，学生是否也需要反思自己在课堂活动中的学习表现呢？学生是否也可以对老师的教学提出建议？之所以有这样的想法，是因为一堂公开课给笔者带来了新的思考。这堂课让笔者开始重新审视自己，也开始重新认识学生。

记得那天上完公开课后，笔者对自己的这堂课甚感满意，甚至有点沾沾自喜。整堂课学生积极参与，课堂气氛活跃，课堂活动完成得很顺利，课堂效果较好。听课的教师们也对这堂课给予了很高的评价。笔者清楚地记得那是人教

版新目标八年级上册第九单元"Can you come to my party?"的听说课。但是，等笔者第二天在课堂上再次反馈时，却发现不少学生对英语中如何委婉地拒绝别人的邀请不会灵活运用。笔者有点纳闷，就问学生："昨天课堂上你们表现很好啊，怎么具体运用时会出现这么多的错误呢？"学生立刻七嘴八舌地开始说了。笔者说："干脆你们每个小组集中讨论，认真反思一下，把你们在昨天那堂课上的听课活动中的问题找出来，把老师在课堂操作中存在的问题也帮忙找出来，然后每组的小组长把问题和整改建议写出来交给我。"收到学生的反思，笔者真的很震惊，也很感动。学生不但认真地总结了自己在学习过程中出现的问题，也非常真诚地给笔者提出了许多建议。笔者现在还能记得学生们写的："老师，我上课一直举手，但你一次也没叫过我。""老师，你极少检查我们的预习情况，所以我就慢慢不预习了。""我们小组在课上讨论时，代表我们组发言的总是×××，所以我从来不想举手。"……那天，笔者收获了更多，开始重新审视自己的教学。笔者熟知教材，却对不同层次的学生的学习需求了解甚少，对学生的关注度远远不够。

从那天起，笔者开始觉得反思其实不一定只是教师单方面的工作，让学生参与其中，与学生一起反思，其实会有更意想不到的效果，为什么不坚持一试呢？后来，每上完一堂课，笔者都先针对自己的教学情况做自我反思，然后让学生根据自己和小组的具体听课情况进行反思，最后师生利用课余或自习时间共同反思，集体整改。我们千万不能低估了学生的思考能力，有许多孩子会提出非常符合他们的具体学情的合理建议，很有针对性。试行了一段时间后，笔者觉得收效真的很明显：学生变得会听课、会总结、会反思，并学会整改，听课效果明显提升，学习热情高涨，凝聚力加强，在交流学习的过程中，小组合作意识也明显提高，学生的凝聚力加强，自信心也明显提升。笔者总结了一下，根据自己的教学实践，发现师生共同参与教学反思有以下优点。

一、师生共同反思更易发现教学中存在的不足，能帮助教师及时调整教学策略，从真正意义上体现以学生为主体的教学理念

一般来说，教师单方面的教学反思主要倾向或侧重于教师自己对教学方法、教学策略的反思，但也容易被学生上课的课堂反应所迷惑。对于学生从本堂课所能汲取到的真正的东西，教师难以顾及全面。但若是师生共同反思，则

可以更全面、更真实地反映出学生对本堂课的掌握程度，从而发现不足并及时整改，在师生共同商榷的过程中寻求更好的解决方法，达成共识，这样教学相长，会更有效地促进教学，从而达到更好的教学效果。

二、师生共同反思可以更好地挖掘学生的潜质，激发学生的参与热情和求知欲望

苏格拉底曾说："每个人的身上都有太阳，只是要让它发光。"每个孩子都有自己与众不同的特点，但传统的教育教学往往限制了许多孩子的思维，也让教师忽视了这些孩子的优点。精彩的课堂往往是成绩优异且表现力较强的学生的舞台，那些学习基础相对较弱的孩子往往是被忽视的对象。"好学者不如善知者，善知者不如乐知者"，只有激发学生的兴趣，才能集中学生的注意力，激发他们主动参与的意识，使他们产生一种内在的学习动力，因为兴趣是求知的起点，是发展思维的内动力，是学生永不枯竭的动力源泉。课堂教学能否真正意义上体现以学生为主体、一切为了学生发展的教育理念，取决于学生在教学活动中的参与意识和参与程度。这时候，师生共同反思就会体现出其独有的魅力。让学生先自己反思，反思自己的听课情况，反思小组的合作情况，敢于发现老师在教学环节中出现的问题，建议老师找到更适合学生的教学方法。反思自己在听课过程中对知识点的理解与在综合应用中的衔接上存在的问题，学生也在全方位参与学习的过程中，把握学习的主动权，学会发现问题、解决问题，逐步变被动学习为主动学习，在讨论中和他人的认可中增强了自信心，获得了存在感和成就感。这时候，教师要尽可能地拓展学生的发展空间，引导和挖掘学生的创造能力，不断激发学生的参与热情和求知欲望。

三、师生共同反思更能增进师生间的感情，使师生关系更融洽，师生互动更和谐

教学工作不只是一门科学，更是一门艺术。在教学过程中，学生的积极性、主动性和创造性，直接决定着学习效率的高低和学习效果的好坏，而这一点，除了教学活动的有效设置，更取决于师生关系是否融洽。师生之间建立一种相互接纳、相互理解的友好的人际关系，不仅有利于学生获得集体意识和行为规范，也有利于促进学生的全面发展。师生之间的相互理解、彼此信任、情

感相通、配合默契，可以让课堂教学更加鲜活。通过共同反思，笔者与学生的距离更近了，我们彼此适应、彼此交融，流露出最真诚、最真实的一面。在长期的共同反思的过程中，笔者的一言一行，甚至一个眼神、一丝微笑，学生都心领神会；而学生的一举一动，甚至面部表情的些许变化，笔者也能心明如镜，知之甚深，真可谓心有灵犀一点通。

总之，试行近两年来，笔者觉得收效不错。通过师生共同反思，一方面笔者更加理解了备课更要备学生的真正内涵，帮助自己能够因课而异、因人而异，及时调整教学策略、更新教学方法，不断提升教学效果，同时也让笔者进一步走近学生，了解学生，亲近学生；另一方面，对学生而言，可能学到的更多，通过反思，不但学会了听课，学会了质疑，还学会了自己总结，在反思中进步，学习热情高涨，凝聚力加强，小组合作意识明显提高，这无疑给笔者的教学注入了新的活力。

教育教学永远是一项全新的事业，笔者希望自己能坚持下去，并且能在实践过程中不断学习和观察，摸索出更适合自己也更适合学生的更有特色的方法。

参考文献：

陈利英.师生共同反思的意义与策略［J］.陕西教育（教学版），2015（Z1）.

浅谈如何让英语复习课课堂焕发活力

潘淑红

英语复习课是巩固知识、发展技能的重要课型，在整个英语学习过程中起着至关重要的作用，它能帮助学生加深和巩固对所学内容的理解，同时更好地进行查缺补漏。可是一提到复习课，大家的脑海中立刻就被如海的练习题所充斥，教师头疼，学生烦躁。的确，传统的复习课，大部分都是紧紧围绕课文知识，不厌其烦地把许多类似的训练题反反复复讲来讲去，教师劳累辛苦、疲惫不堪，但效果却不尽人意，学生们也觉得枯燥乏味。如何让我们的复习课有所突破，也能焕发活力，激发起学生的学习兴趣，变得有声有色、生动高效呢？笔者在长期的困惑中也一直在探索着，在反复的实践中，笔者慢慢摸索出一些比较适合大多数学生的方法，与大家一起交流分享。

一、打破传统的复习课课堂模式，变"讲堂"为"学堂"

笔者觉得，要想让学生不再对复习课产生厌倦情绪，我们必须要打破传统的机械训练的复习课堂模式，建构一种新型的以话题为统领的复习课模式，通过创设教学情境进行师生互动，充分激发学生学习英语的兴趣，培养学生英语学习的积极态度，把情感、态度与价值观目标的实现融合在知识与能力、过程与方法目标实现的过程之中；尽可能地避免题海战，杜绝"满堂灌"，而是要以学生为主体，努力开发教学智慧，激发学生学习热情，让学生真正动起来，变"讲堂"为"学堂"，变"要我学"为"我要学"，最终达到高效复习的目的。在平时的课堂教学中，教师都非常注重课堂上的互动效应，师生互动，生生互动，课堂上精彩纷呈、高潮不断。但一旦上复习课，课堂往往就变成一潭死水，气氛沉闷，经常变成了题海战，机械性地大量训练，活动形式单一、机械，大都是老师问学生答，学生特别累。所以，花心思调动学生的学习兴趣和参与热情非常重要。笔者喜欢课前把学生分成小组，或让学生根据个人情况自由组合，教师不用过多干涉。有时候，看似有点乱的课堂其实更能体现教学的真实性。对于复习课上的练习形式，笔者也喜欢不断换点花样，采取让学生或者个人必答，或小组必答，或个人抢答等多种方式，各小组展开竞争，为本小组争分。因为有积分的激励，各个小组谁也不甘落后，组内不同层次的学生也会互帮互助，学习氛围会很浓。但课后教师记得一定要有奖励机制，这一点很重要。比如，获胜组成员可以减免作业（这是学生最喜欢的，哪怕最优秀的学生也绝对喜欢少写作业），个人优秀者可以当小老师，等等。只要符合学生心理，他们都会特别感兴趣。在练习中，笔者喜欢根据学生的年龄特点和复习内容穿插一些花样，如复习词汇时，笔者喜欢采用以有限拓展无限的方法，老师出示首字母，让学生尽可能地发挥想象，自己生成单词，或者以词语接龙的形式，或以堆积金字塔的形式，激发学生兴趣，或者只提供一张相关的图片，让学生观察并想象，尽可能地拓展词汇。如果教师善于激发教学小高潮，学生会非常有激情，如果再开展小组竞争，效果一定会更好。上音标复习课时，笔者喜欢课前分配学生自制卡片，写上音标，上课时让学生边听单词边出示单词中出现的音标，或者把自己的音标卡片贴在黑板上，后面写出含有自己音标的单词，而对于低年级的学生，可以让他们抽签选字母或音标（如果绘成卡通形式，学生会更喜欢），然后根据发音上台组合。这种方式要求学生注意力一定要高度集中，稍不留神就会出错，所以学生会非常上心，课堂上常常是笑声不断，气氛相当活跃。因为活动不呆板、不生硬，孩子们对这种复习形式都很感兴趣。

二、充分发挥多媒体的灵动性和便捷性，优化复习课课堂

首先，形象、直观的多媒体技术可以创设生动有趣的教学情境，以其独特的形、声、景扣动学生的心弦，化无声为有声、化静为动，为学生创设更多生动活泼的语言环境，把学生吸引到活动中去，激发他们主动参与学习的欲望，使学生在更轻松、更愉快的环境下实现更多的信息交流。同时可以迅速地把课程资源显现在学生面前，既可以大量节省教师讲课、板书的时间，还可以把难

以理解的内容或知识点通过形象生动的形式展现出来，通过直观形象、生动的感官刺激，让学生最大限度地发挥潜能，在有限的时间里，全方位感知更多的信息，提高教学效率，激活学习的内因。其次，在一定程度上增加了课堂的容量，使得课堂活动更加丰富多彩，让复习课变得更加轻松、高效。课堂上，教师可以设计活动，通过让学生预习、自学、竞赛、抢答、小组讨论等多种活动，鼓励学生开口说话，提高运用语言的能力，真正做到快快乐乐学英语、扎扎实实打基础。

三、注重知识的整合和练习设计的精准

要想让学生真正有兴趣地投入复习课中，教师必须吃透教材，在知识整合和练习设计上下功夫。复习练习一定要精，而且设计一定要有梯度，基础训练、拓展训练和提升训练要逐步进行，要考虑到学生的差异性，这样，才不至于让许多学生掉队，学生才能有学习兴趣。做完复习练习后，教师还可以设计合理的、有层次的问题，让学生进行延伸拓展，带领学生体悟学习的新方法和新规律，发展学生的创造性思维，教学生体验成功的快乐。例如，笔者通常会根据学生的实际情况，设计一些合理的、有层次的任务，以拓展学生的思维，如：运用本堂课的复习内容进行即兴写作，及时巩固所学的词汇和语法，学生间交流互评，让学生充分体验成功的快乐，或者让学生课后再根据复习内容自编练习，然后同学间互相交换，作为小测试卷进行自测，学生会更有成就感和学习动力。

总之，不管对于哪一种课型，作为教师的我们必须要做有心人，多学习、多摸索、勤反思，而且一定要和学生一起反思，逐步找到与学生相适应的学习方法。平时教师要与学生勤交流、多沟通，建立良好的师生关系，这一点是前提。学生喜欢一门课往往是从喜欢教这门课的教师开始的，如果教师有广博深厚的专业底蕴、良好的人格魅力、灵活机智的教学手段，再加上融洽的师生关系，一切的困难可能就不再那么困难！

参考文献：

胡庆芳.初中英语复习课教学有效策略的课堂实践研究［J］.中小学外语教学（中学篇），2010（8）.

夯实音标教学，激发英语课堂教学活力

王艳丽

现用人教版教材中七年级上册前三个单元为学前准备单元，有音标教学内容，但是在实际教学中，落实音标教学的情况不容乐观。

现将笔者所执教班级的学情分析如下，为制订具体教学策略奠定基础。

全班共37名学生（培优班抽走9名学生后的学生总数），男生22人，女生15人。

本班学生升九年级考试成绩如表1-1所示。

表1-1 学生成绩表（升九年级考试）

人数\分数段	70~72分	60~69分	40~59分	20~39分	0分
男生	1人	2人	5人	13人	1人
女生	1人	3人	7人	4人	
总数	2人	5人	12人	17人	1人
备注					复读

虽然学生已学习英语六年，但是学生的成绩并没有层层达标，学生对英语基础知识的掌握还有很大提升空间。

刚进入九年级时，笔者所执教班级的37名学生的英语基础知识非常薄弱，其中，有三分之二的学生把汉语拼音、英语26个字母及国际音标混为一谈。这些学生记不准单词的发音，以至于出现在单词旁边标注汉语或拼音的现象，这直接影响学生记单词、短语、句子和文章的效率和质量。面对现状，用什么提升教学质量？学习和掌握好音标是学好英语的基础，更是初中英语教学的一个重点。因此，拟将学生们初一年级本应掌握的语音知识作为教学重点，加在九年级的教学任务之中。现将音标教学的做法及反思总结如下。

一、做法

1. 面对现实，接纳学生，师生互相理解

面对基础薄弱的现状，面对情况各异的学生，埋怨只是徒劳的，作为教师的我们，应该做好准备，做到对任何一名学生不离不弃。想到学生们那"老师，我没学会"的神情，老师要告诉自己：人的潜力无穷无尽，要用爱心接纳学生的"不会"。同时，让学生了解老师的想法，让学生知道老师是理解和接纳他们的，老师也会因此得到学生们的尊重和理解。

2. 寻找榜样，提升兴趣，增强学习信心

笔者通过让学生们观看中小学生希望英语风采大赛视频，来培养学生们学习英语的兴趣，同时，为他们树立了学习的榜样，增强了他们学好英语的信心，也为开展本班的比赛奠定了基础。

首先，观看中小学生希望英语风采大赛视频，使更多的学生爱上英语。

先观看中学生比赛视频，学生们被参赛选手标准的口语、满满的自信所吸引。

再观看小学生比赛视频，学生们看到四、五年级的小选手们都能说一口流利的英语时，更加坚定了自己能学好英语的信心。

其次，开展本班英语风采大赛，形式自由，例如：

（1）口语秀：1~2分钟的自我介绍等。

（2）看图说词：1分钟说20个词。

笔者班37名学生中有10名学生为比赛做了充分的准备。现场参赛时，有4名学生发挥较好，其他的学生表示对自己的表现不满意，决心继续努力。学生观众的反应也很热烈，有些学生表示下次也想参加。本次竞赛激发了学生们学习英语的兴趣，基本达到教学目标。

3. 营造环境，认真模仿，借助微信、QQ、钉钉等平台进行反馈

模仿的第一步是注意听，听得准才能模仿得准。给学生准备适合模仿的材料，可以是老师领读，也可以是音频或视频材料。在模仿时，要求学生高度集中注意力听领读者的发音，不能还没有听清就急于模仿，建议学生多听几遍再模仿跟读。

模仿的另一个重要方面是观察口型。要求学生注意看领读者发音时的口型，因为口型与发音有直接的关系。在看视频时，注意看口型，听准发音。

发音不准自己往往难于发觉，因此，要让他人听自己的发音，建议学生们将自己的发音录制下来，通过微信、QQ、钉钉等平台发送给老师或其他同学（这种方式学生们非常喜欢），形成了相互评论和帮助纠正的氛围，使学生们学习英语的兴趣大增。

4. 分解指标，化难为简，分步达成目标

在语音教学方面，要按照分散难点、化难为简、循序渐进的原则。

当学生们能正视自己的不足，接纳自己；当学生们的学习兴趣被培养起来；当学生们的学习积极性被充分调动起来，这时，笔者认为最适合学习音标，并称之为"音标学习进行时"。笔者运用"音标三步教学法"很好地落实了音标教学目标。

首先，向学生呈现"48个国际音标表"，帮助学生将此表化难为简，告知学生学习任务及学习方法，使其掌握正确的读法，以减少学生的畏难情绪。

其次，确定"音标三步教学法"阶段学习目标。

第一步：学习26个字母音标，先掌握5个元音字母的长短音。

教学目的：使学生掌握规范的字母发音。

教学时间：1节课。

教学方法：观看音标教学视频，让学生多次模仿跟读。

教学过程：按照26个字母的顺序依次学习，并随堂反复练习。

第二步：学习国际音标，积攒常用字母组合，如：ea、ee、er、oa、ou、ir、ur、ch、sh、th、tion、ment、tr、dr、al 等。

教学目的：让学生系统、熟练地掌握英语音标，为提高学生学习自主性，培养学生养成预习习惯，提高学生听、说、读、写、译的能力奠定基础。

教学时间：2课时。

教学方法：观看音标教学视频和课件，让学生多次跟读，采用课上当堂检测和课后通过微信反馈读音情况的方法，督促学生学习音标。

教学过程：按照单元音—双元音—辅音的顺序依次学习。

第三步：整合教程，拼读单词。

教学目的：教会学生运用英语音标准确拼读单词。

教学时间：1课时。

教学方法：整合九年级教材中所有的单词，选择适量的单词，让学生们高质量地大量拼读；同时，利用微信等平台每天反馈拼读情况。

教学过程：根据学生每天完成拼读的情况，给学生布置符合学情的作业。

在九年级学生已经掌握一定数量英语词汇的基础上，让学生来总结字母及字母的发音规律，把单词的读音与单词的拼写结合起来，逐步渗透单词音标的读音、书写及拼写规则。

笔者根据学生每天的学情来布置拼读作业。作业要求如下：组长必须完成AB两组题，各小组成员从B组题中自选两句，录频并用微信等平台传给老师。

第一组：通过音标猜单词。老师读单词、短语、句子的音标，并把音标写在黑板上，让学生通过音标猜单词。该题难度较大，由小组长完成。要求当堂完成初读，并在课后用微信等平台录频传给笔者，再查发音及口型。如老师读、写句子"A big black bug bit a big black bear, made the big black bear bleed blood"中每个单词的音标，让学生猜单词，并写出单词，最后引导学生总结单词发音规律，规范学生对单词的发音。

第二组：训练短单词的发音。小组长随堂先完成学习任务，再督促组员课上或课后完成，且各组员要在课后用微信等平台录频传给老师，再查发音及口型。如读"［ain］"时，笔者选用了"Behind Bind Blind, Wind Find Mind"这几个单词。学生拼读单词的积极性很高，37名学生中有29名当堂完成了学习任务。

英语的单词是根据音标来拼读的。因此，首先重视掌握48个音标的正确读法，并有意识地让学生根据音标来读单词。单词的字母和字母组合的读音是按照元音字母、元音字母组合、辅音字母和辅音字母组合在开音节和闭音节的读音规律。例如，"name""plate"中的"a"在这些开音节中的读［ei］；在"car""hard"中的"ar"读［a:(r)］；有些固定的字母组合，如"-ple""–tle"都有固定的发音；有些前缀、后缀，如"re-""un-"等都有比较固定的发音。英语单词大部分是符合读音规则的，对于很长的单词则要求学生按音节划分来记忆。一个单词不管有几个音节，只要读得准，一般都能拼得准，无须一个一个字母地死记硬背，如"dic-ta-tion""e-xa-mi-na-tion"等。久而久之，学生尝到使用读音规则记忆单词的甜头，便自觉学习读音规则，并运用于实践中，使单词记忆由难变易。

5. 明确目的，多维检测，提升学习质量

对学生学习音标情况进行阶段测试。

考试目的：是否掌握英语音标，是否可以熟练拼读单词。

考试例题：

（1）默写出20个元音音标和28个辅音音标。

（2）写出以下字母和单词的音标：

如：A____ C____ F____ book____ egg____ bu____

（3）口试：以小组为单位进行组内自考、小组间竞赛等多元的形式，检测学生对音标的掌握情况。

6. 阶段测试，成绩提高，教法行之有效

九年级上学期期中成绩如表1-2所示。

表1-2 学生成绩表（九上期中）

九年级上期中成绩 人数	80~86分	70~79分	60~69分	50~59分	35~49分	17~34分
男生	1人		2人	3人	3人	5人
女生		3人	3人	10人	5人	2人
总数	1人	3人	5人	13人	8人	7人
备注						

学生成绩平均分提高，及格率上升，并出现了优秀率，这证明笔者通过教授学生学习国际音标以提升学生成绩的方法是行之有效的。

二、反思教学过程，共享生命课堂

由于学生对英语学习的兴趣提高，故而学得轻松，这样学生的学习积极性得到了较持久的保护。笔者的英语课堂，因为"音标"的出现而再一次精彩。

但是，引导学生学会音标只是学习的第一步，更重要的是，教师要引导学生进一步掌握单词的拼读和发音规则，这样可以教会学生根据音标来记更多的单词，从而降低学生记忆单词的难度。在夯实了语音和记忆单词的基础上，学习短语、理解句子、自造句子、背诵课文的能力也会提高，学生的写作水平也将得以培养。最终，培养学生养成整理归纳已学过的英语知识的习惯，使知识系统化、整体化、具体化，形成"点—线—面"的知识网络。不仅如此，还要将一个知识点与其他相关的知识点进行对比联系，做到举一反三，为今后高中段的学习打下坚实的基础。如此，"教"与"学"形成良性循环的态势，我们的生命课堂还会远吗？

不研究必然落后，不反思不会进步，教师在要求学生的同时，更应反省自己。作为教师，研究《教学大纲》是必修课，只有每位教育工作者务实敬业、奋进创新，才能真正保证每位学生都能从自己原有的水平和能力基础上得到长足发展。

参考文献：

［1］赖世雄.英国英语（Jones）音标与美国英语（K.K.）音标对照表：赖世雄中级美语［M］.北京：外文出版社，2011：524.

［2］马德高.小学生快乐学音标［M］.济南：山东科技出版社，2010：23.

核心素养背景下英语课堂中赏识教育在素质教育中的潜在作用

苑凤华

初中英语新教材以单元为单位，在每个单元内又以话题为主线，将单元内的各个任务板块有机地联系起来，而且所涉及的话题内容新颖活泼、贴近生活实际、紧跟时代步伐，很容易激起学生的学习兴趣，同时也有利于拓宽他们的知识视野。另外，教材编排不是把一个单元清楚地分为几个课时，而是设置许多任务板块。教师可根据学生的不同层次因材施教、组织教学。整个教材的编排体系完整，符合《英语课程标准》对学生的听、说、读、写能力进行系统训练的要求，而且给了教师更自由的发挥空间。

由此看来，现在的初中英语新教材用的是以交际功能为主、语言结构为辅的编写模式。这种模式并不追求系统、完整的语言结构，而是主张通过听、说、读、写技能的训练，培养学生运用英语的能力，它要求达到课堂英语化、教学情境化和练习交际化。这就要求学生要有一定的语言功底，并且要有较强的语言悟性，才能适应这种大跨度、快节奏的课堂模式。

在提倡素质教育的今天，课堂教学是实施素质教育的主渠道。素质教育要求我们在总结经验教训的基础上，对英语教学的观念、目标、内容、策略、手段、评价等各方面进行重大改革。新一轮课程改革正是为了适应这一需要开展起来的。学生作为学习活动的主体，学习效率的高低很大程度上取决于学习的主动性，若学生对学习知识的兴趣浓、热情高、欲望强，那么他们就会把学习当成一种自我需要，自然而然地进入学习新知的情境中。英语新课程改革是以促进学生全面、持续、和谐发展为基本出发点的，它更加强调学生学习主体性的发挥，过程上要趋于开放和灵活，组织形式上要趋于宽松、民主，使英语教育面向全体学生，实现：人人学实用的英语；人人都获得必需的英语；不同的人在英语上得到不同的发展。

笔者认为，要想提升学生的素质教育，在英语课堂内外及生活中，对学生实施赏识教育会对素质教育起到至关重要的作用。

赏识教育好比照亮孩子心灵的"阳光"，让每一个孩子在赏识中形成自信，在赏识中走向成功。在孩子的生活中，多一份赏识，就多一份希望，多一份快乐。

赏识，源于教师内心对学生的爱，对他们有一种深切的企盼。赏识中包含信任、尊重、理解、激励、宽容等，这一切的根源就是爱，赏识学生就是爱学生。因为有爱，我们才会用一双智慧的眼睛发现孩子的优点，用宽广的胸怀包容孩子的缺点，能真正理解孩子内心的需求，每个孩子都有向上之心，都不愿意做错事，都渴望被赏识。美国著名心理学家詹姆斯曾说过："人性中最深切的本质就是被人赏识的渴望。"一位真正爱学生的教师，一定懂得通过赏识学生，走进他们的内心深处。

赏识，要公平公正。赏识教育是生命的教育，是素质教育，是爱的教育，是充满人情味、富有生命力的教育。人性中最本质的需求就是渴望得到赏识、尊重、理解和爱。

新课程的核心理念是关注人的发展。"一切为了每一位学生的发展"是新课程核心理念的最基本的组成部分。它要求教师关注每一位学生的发展。在进行赏识教育时，教师也必须公平公正，一碗水端平，让每一个孩子都得到肯定和赞美。

在英语课堂中，最常用的对学生的赏识来自活动后的评价，使用英文"Exactly！""Good！""Very good！""Good job！""Well done！"对孩子进行评价。无论孩子展示的成果如何，作为教师，我们都应该发现其中的闪光点、优点，给予表扬，适当赞美，这就是最好、最简单的赏识。虽然是简单的评价，但是对学生是极大的鼓励。再或者由其他同学们指出细节优点，同时提出缺点，及时改正，学生既有自信又能发现自身的问题，长此以往就会取得进步。

人人都需要赞美，需要别人的肯定。赏识教育要求我们每一位教师用欣赏、认同的态度去努力发现每一位学生的优点、闪光点，加以引导，使每一位学生都能彰显出属于自己的独特的个性，从而走向成功。一位优秀教师的魅力，绝不仅仅来自渊博的知识，还来自客观公正地对待每一位学生的态度。公正对于教师来说有特殊意义，它可以告诉学生是与非，它可以引导学生走向高尚、远离卑鄙。赏识的公平公正也意味着教师要全面了解班级的每一位学生，不忽略班级的任何层次的学生。赏识的内容因人而异，但是对每一位学生的赏识不是虚夸，是对真正的闪光点的夸赞，是对学生的未来的一种切实的期许，是有针对性地赞扬学生，具体问题具体赞扬，言之有物，这样才能更加触动学生的心灵，引起学生的共鸣。

由此，由于赏识，学生更加自信；由于赏识，学生更有兴趣；由于赏识，学生更加团结，从而促成了素质教育的体现。

在做到公平公正地赏识每一个孩子的同时，也要因人而异，采取不同的赏识策略。那么，教师又怎样做到公平公正地赏识呢？

一、对问题学生，要抓住问题学生的闪光点及时表扬，使之树立信心，并持之以恒，使问题学生从根本上转化

著名教育家朱永新教授说过："我们培养一个人，就是培养他的自信，我们摧毁一个人，也就是摧毁他的自信。所谓的差生最根本的是对自己缺乏自信，父母、老师对他缺乏自信。"提起问题学生，每位教师都可以毫不犹豫地说出他们的种种不良的行为和表现，这些问题学生的学习成绩，往往令人羞于启齿，难见天日。

1.赏识问题学生的第一步——寻找闪光点

问题学生呈现在我们面前的缺点、错误数不胜数，但是闪光点却潜藏在某些不显眼的事情和细节里。育人也好比赏花，玫瑰很美，常让我们忽略了花下的刺；仙人掌浑身是刺，但也会开出美丽的花。我们寻找问题学生的闪光点，有时需要时间去等待，还要用心地去寻找。找到了闪光点，可以以此入手，为问题学生重树自信，使他们不至于"破罐子破摔"。因此，每接手一个新的班级，不用急于把问题学生抓来教育一番，而是细心观察他们，寻找他们的优点、缺点，为转化他们寻找突破口。问题学生身上也有许许多多的闪光点和优点，只要我们用爱心、诚心、耐心，我们就会发现，就能转化他们。

2.赏识问题学生的第二步——创造"闪光"机会

每个孩子都是一座富矿，但富矿里的金子要有阳光的照耀才会反射出耀眼的光芒。教师就是"阳光"，教师可能一时也无法发现有些问题学生身上的闪光点，但是作为教师，我们要为他们创造闪光的机会，让他们有表现的机会，让他们也能在教师的"阳光"照耀下"闪闪发光"，让他们身上的优点为人所知、被人所赏，这样才能让他们更有自信。比如，在课堂上提一些简单但是那些问题学生能够回答出来的问题，然后及时表扬，这样的次数多了，他们自己也会发现自己并不是一无是处，他们也会觉得自己能行。

3.赏识问题学生的第三步——重塑形象

一方面，因为问题学生已经在班级同学和老师心中留下了"深刻"印象，所以要改变并不是一蹴而就的事情；另一方面，要改变他们在别人心中的印象需要双管齐下，在使他们树立信心的同时，让他们对未来有美好的期望，也要通过班级的其他同学以关爱宽容之心，更换看人的视角，学会全面评价他人，同时让任课教师对这些问题学生更多一份理解和包容，在重塑新形象的过程中，一步步朝着新的目标迈进。

二、赏识优秀学生，注意技巧与分寸

优秀的学生往往是容易得到表扬的，无论是学习的成绩还是学习的习惯，一般来说都值得教师对他们进行表扬。但是，表扬这样的学生也需要注意技巧与分寸。

表扬优秀的学生，既要抓住优秀的原因，也要不断提高赏识的标准，要做到表扬得既有效而又不使其产生骄傲自满的情绪。对于优秀学生，我们要表扬的不单单是他的成绩有多么好，更多的应该是表扬他们平时在课堂上的用功、平时作业的认真。正因为他们的认真、用功，所以才取得了现在的成绩。这样的赏识不仅能让优秀学生明白，取得成绩的原因是他们的努力，也能让其他的学生明白，只要自己认认真真、踏踏实实，也有机会取得优异的成绩。

表扬优秀的学生，也要把握适当的分寸。优秀的学生一般都是其他学生的榜样，如果树立的榜样太高大了，会让其他的学生觉得自己不能和他们相比，榜样的力量就失去了。而如果用同样的标准在任何事情上都给予表扬和赏识，学生会对老师的表扬产生麻木，这时要适当地提高对他们的赏识标准，正所谓学无止境，对于优秀学生的赏识，最终的目的是让他们更加优秀，更加全面发展自己的潜能。

对优秀学生的赏识，有时含蓄一些不失为一个好的方法，这样做既让所有的学生明白谁做得比较好，又不会使教师的表扬泛滥。对优秀的学生不必表扬得面面俱到，有时他们做得好时，只要给他们一个会心的微笑，或者对他们竖一下大拇指，他们就会心领神会了。

三、赏识中等生，构筑平台，肯定价值

在每一个班级中，几乎都有这样一群学生：他们不淘气、不顽皮，不会给老师和父母增添麻烦；他们性格内向、不善言辞，在集体中，他们也往往扮演着被动的角色，喜欢随大流，很少抛头露面。成绩平平的他们，在同学中间是不起眼的；在老师眼里，可能会认为他们有些安于现状、不思进取，学习缺乏动力；有些想要进步，又懒于勤奋钻研，经受不了失败的考验，缺乏恒心和毅力。因为长期被忽视，他们性格内向，沉默寡言，并有强烈的自卑心理，不能适应竞争日益激烈的社会环境。他们在班集体中所占的比例过半，如果能构筑平台，肯定价值，他们一样可以成为中流砥柱。

有意识地让"中等生"参与班级活动，不仅可以培养他们的能力，让他们也有班级主人翁的感觉，而且能够协调他们与同学之间的关系，走出封闭的世界，有利于健康心理品质的形成。他们可能缺乏领导力、号召力，胜任不了主要班干部的角色，那么就让其从小组长开始做起，培养他们的责任心，加强他们与同学的接触。在班级岗位设置方面也力求多元化：行为规范示范员、电教员、劳动天使、爱心天使、绘画天使、节水员、节电员……力争做到班级的事，事事有人做，班级的人，人人有事做，让每一个孩子，尤其是中等生都参与到班级管理中来，让他们都有当"小干部"的成就感，调动中等学生的积极性，让他们切实地有身为班级一员的感受，减少孤独感，有了集体荣誉感，进步的热情也会被进一步激发出来。

在学校的各类文体活动中，从这些中等学生中，找出能歌善舞、思维活跃的，鼓励他们积极参与。如果他们不能在校级层面展示，那就多让他们参与班级活动，如书法展览、个人摄影展、美术作品展示、课文朗读、课前演讲，等等。总之，千万不要让他们成为角落里的局外人，要帮助他们获得各种成功的

体验，让他们明白成功并不是遥不可及的，能完整地回答一个问题、能顺利地参加一项活动、敢在众人面前发表自己的见解等都是成功的体现。成功越多，成绩越多，自信心越容易获得。带着自信的中等生在集体活动中表现得更大方、更积极。这样的良性循环，可以使中等生更快地迈入优等生的行列。

赏识赞美并不是一味地、简单地对学生进行表扬鼓励，甚至放纵学生的缺点或错误，而是针对学生身上出现的缺点和错误，特别是对"大错不犯，小错不断"的学生，也要在不伤害其自尊的前提下大胆地进行教育，以达到扬长避短的效果。

不时地赏识，可以帮助孩子扬长避短，可以帮助孩子建立信心，可以帮助孩子自立自强，可以帮助孩子重新振作。但适当的批评，也可以帮助孩子及时纠正错误，帮助孩子增强耐挫力，帮助孩子形成正确的是非观，帮助孩子建立规则意识。俗话说得好，不依规矩难成方圆，面对整个管理，只有赏识没有制度是不行的。所以在赏识育人的同时，要用班规来约束学生、管理学生。当然班规要能有效地执行，可以在班级共同商议之下推出，针对班级的常规情况订立公约，针对班级某一段时期的特殊情况适当增删，既有原则性，又不乏灵活性。只有制度作为保障，赏识才能更有效地发挥它的作用。

在英语教学中，每位英语教师的教育理念都应该是人本主义的，首先要定位的就是人的教育。我们应该相信，每一位学生都蕴藏着极大的学习潜能，每一位学生都拥有自己丰富而独特的内心世界，要充分发挥学生的主体作用，注重学生的全面发展，让学生具有持续学习的能力，为学生终身学习打下基础；要注意激发和培养学生的学习兴趣，帮助学生树立自信心，形成有效的学习策略，养成良好的学习习惯。教师在教学中要尊重学生、理解学生，注重情感教学，实施人性化教学，以调动学生学习的积极性，充分激发他们的潜能，促进他们的全面发展。

英语教学重在培养学生的综合语言运用能力，而这种能力的形成建立在学生语言技能、语言知识、情感态度、学习策略及文化意识等素养整体发展的基础上。因此，我们可以看出：一个人运用语言的能力必须在吸收信息与表达自己的交际过程中得到提高。想要游刃有余地表达，必须在自信状态下才能形成自我的能力，而学生的自信恰恰来源于赏识。在英语教学中，听、说、读、写既是学习目的，又是学习手段。所以，我们在英语教学中，一定要引导学生通过大量的听、说、读、写的实践，提高他们综合运用英语的能力。一个人只有对英语文化感兴趣，才能抱着积极的情感主动参与、善于配合、乐于进取，把英语学好，才能对英语学习保持一股持之以恒的热情与动力。

我们每一位英语教师都应注意引导学生进行自主学习，注重激发学生学习的积极性和主动性。提高学生的主体意识，首先要做的就是使学生明确学习英语知识的目的。随着我国经济的发展，我们与世界的沟通越来越多，英语在其中的作用也越来越大，我们的生活也越来越离不开英语。我们要培养他们学习英语的动力，使他们认识到只有把英语学习的目的与自己全部生活的目标联系起来，才能把英语学习真正作为自己生活的一个组成部分，也才能真正增强自己的主体意识。

在英语教学中实施素质教学，是英语教育的发展需求，也是《英语课程标准》的要求。因此，我们每一名英语教师都应加大对素质教育的研究力度，用赏识教育努力提高我们的英语教学效率，提高学生的英语素质，为学生的后续学习打下良好的基础。

总之，赏识是一种理解，更是一种激励。苏联的乌申斯基就说过："儿童憎恨的是任何时候也不能从他那里得到表扬和承认的老师。"赏识教育，是在承认差异、尊重差异的基础上产生的一种良好的教育方法；是帮助孩子获得自我价值感、自尊、自信的动力基础；是让孩子积极向上，走向成功的有效途径。只要我们能够真正理解孩子、尊重孩子、赏识孩子，那么每一个孩子都会得到可持续发展，成为社会需要的人才！学生的心田是一块沃土，只要种上赏识的种子，就会让我们收获美丽的花、丰硕的果！

参考文献：

[1] 向晶.教育：师生幸福的家园[J].天津师范大学学报（基础教育版），2008（2）.

[2] 张素艳，蒋重清，赵玉友.教育过程中的"动之以情"解析[J].辽宁师范大学学报（社会科学版），2008（2）.

[3] 于彬.运用赏识教育为学生提供展示成功的平台[J].辽宁教育行政学院学报，2006（8）.

[4] 王艳.赏识教育让孩子在快乐中成长[J].青少年研究（山东省团校学报），2008（S1）.

浅谈在英语学科教学实践中落实核心素养的几点尝试

陈 密

对于英语教师而言，在教学实践中落实核心素养是个巨大挑战。首先，是观念的转变——教师要从"学科教学"转向"学科教育"，学科教师要明白自己首先是教师，其次才是教某门学科的教师；要清楚作为"人"的"核心素养"有哪些、学科本质是什么，才会明白教学究竟要把学生带向何方。这也是从"知识核心时代"走向"核心素养时代"的必然要求。

如何在英语学科教学实践中落实核心素养，需要我们每位教师积极探索和研究。在课堂教学中，笔者从以下两个方面进行了深入思考和尝试。

一、"英语核心素养"的构成

英语学科的核心素养主要由语言能力、文化品格、思维品质和学习能力四方面构成。

1. 语言能力

语言能力是在社会情境中借助语言，以听、说、读、看、写等方式理解和表达意义的能力。通过英语学习，学生能进一步发展语言意识和英语语感；掌握英语语言知识并在语境中整合性运用所学知识；理解语篇所传递的意义，识别并赏析其恰当表达意义的手段；有效使用英语传递意义和进行人际交流。

2. 文化品格

在日益全球化的今天，作为外语学科，文化品格显得日益突出。李红恩（2012）在《论英语课程的文化品格》中对文化品格进行了如下阐述："文化品格就是指人或事物在价值观念、思维方式、行为方式等方面所表现出来的精神气质、风格、特点与特征，它既是对人或事物的文化属性的规定，也是其价值取向的重要表征。"可以看出，文化品格远非仅仅是知识的学习，它是一种内化的价值观念。

文化品格指对中外文化的理解和对优秀文化的认同，是学生在全球化背景下表现出的知识素质、人文修养和行为取向。通过英语学习，学生能获得文化知识，理解文化内涵，比较文化异同，吸收文化精华，形成正确的价值观念和道德情感，自信、自尊、自强，具备一定的跨文化沟通和传播中华优秀文化的能力。

3. 思维品质

思维品质指人的思维个性特征，反映其在思维的逻辑性、批判性、创新性等方面所表现出的水平和特点。通过课程的学习，学生能辨析语言和文化中的各种现象；分类、概括信息，建构新概念；分析、推断信息的逻辑关系；正确评判各种思想观点，理性表达自己的观点，具备初步用英语进行多元思维的能力。

4. 学习能力

学习能力指学生积极运用和主动调适英语学习策略、拓宽英语学习渠道、努力提升英语学习效率的意识和能力。通过课程的学习，学生保持对英语学习的兴趣，具有明确的目标意识，能够多渠道获取学习资源，有效规划学习时间和学习任务，选择恰当的策略与方法，监控、反思、调整和评价自己的学习。

那么在平时的教学中，我们应树立"英语即生活""用英语去传播我们的文化"等观念，努力营造、模拟最真切、最真实的英语会话情境和生活场景，拓展创意，开展丰富多彩的英语活动，在活动中习得语言表达，寓教、学于乐，真正激发学生学习英语的兴趣。

二、落实"英语核心素养"的途径

1. 学科班级文化素养的建设——营造氛围

英语学科班级文化素养的建设,其实就是利用班级的精神氛围、文化制度、文化环境等来熏陶和滋养孩子的心灵,培育学生的活动。它是班级的灵魂所在,是班级生存和发展的动力和成功的关键。在开学伊始,班主任、英语教师就与全班同学共同研讨制订班训,让同学们自主筛选确定形成表现全班意志的短语。

2. 教师英语素养的提升——打铁仍需自身硬

教师要引导学生放眼世界,领略异国风情、文化,培养他们的英语思维,通过英语打开世界的窗,使学生真正爱上英语,让学生在日常会话、表达运用中,熏陶渐染中,培养听、说、读、写的能力。因此,第一,教师要提高自身的素养,必须要具备坚定的教学信念,激励着自己在教育事业的道路上坚定地走下去。第二,教师要具备扎实的英语专业知识。英语教师先要认清自己是语言教师的身份,然后才是英语教师的身份。因此,教师的学科知识要包括三个方面:语言学知识、母语语言知识、英语专业知识。第三,教师要具备过硬的教学技能知识。英语课中也渗透心理学、教育学的技能,因此,教师要了解普遍的教育教学规律,还要考虑各个学段的学生心理特点、学习特点和个性特点等。同时,教师还要掌握《英语教学论》的相关知识。第四,英语教师要具备一定的个人实践知识,即将外人或前辈的知识为自己所用,或者将自己的经验升华到理论的水平。第五,教师要掌握扎实的语言基本功。英语教师的语言基本功对学生的影响是非常重要的,比如教师的口语会影响学生的听说能力,所以教师要不断加强自身的语言基本功的训练,在课堂上做到语言表达流畅、语音标准等,然后再融入教师自身语言表达幽默、风趣的元素,让学生在愉悦、轻松的课堂氛围中学习英语,提高自身的能力。

3. 学生英语素养的提升

(1)倾听就是爱,先听为主

英语教学最好每周安排三次听力训练,教师们认真备课,确保学生们听力训练的效率。但对于学好英语,让它成为让学生受益终身的工具,仅限于这每周的三次听力还远远不够。所以,教师们在课堂上要尽可能多地讲英语,培养学生的英语思维模式，还要鼓励学生有条件的时候多听BBC、VOA等英语电台，看中央9台的新闻，看英语原版电影，听英文歌曲。此外，我们还可以利用课余时间学习"翼课网"上的一些好的英语视频或者是一些名人的演讲，虽然学生不一定听得懂，但经常这样耳濡目染，学生便有了一定的英语语音、语调的感觉。

（2）学即用，大胆开口

人们学英语，最终目标是为了交流，所以教师在教学中要尽可能多地创设各种情境让学生开口说英语。我们在教学中，不能太功利，不能只盯着中、高考，认为高考不考口语就不重视它。事实上，让学生们开口说英语非常有利于写作水平的提高。要培养学生说的能力，要求教师在单元教学中，不要只盯着本单元的几个重要句型、短语，或是语法知识，而要结合各单元的话题创设各种语境让学生开口说英语。在刚开始的时候，教师可以给一些句型或是例句，让学生模仿，逐渐过渡到只给话题让他们自由发挥。比如，我班积极开展"我行我Show"英语竞赛活动，在每节英语课上，笔者都会挤出5分钟的时间给他们一个"Show time"时间鼓励他们敢讲英语、乐说英语。不要管对错，说了就是胜利，就会加分，在期末会对说得最多的组给予奖励。开展小组间竞争，促进学生自律形成正确的班级舆论，并让班级文化精神建设在实践中得到延伸，也培养了一大批英语尖子生。

（3）重阅读、朗读

阅读应该是英语教学中最重要的环节。笔者认为英语教师应该从以下几方面去培养学生的阅读素养。

① 精读文本。在每个单元中挑选一至两篇文章，训练学生的阅读策略，引导他们归纳阅读方法，培养他们的阅读能力，学习文中的高级词汇、经典句型，背诵好的段落甚至全篇课文会默写，并且落实到位、夯实基础。

② 阅读训练天天有。《英语课程标准》中明确要求初中生除了教材外，课外阅读量至少应累计达到上千词汇量。这样来看，要求学生每天做1~2篇阅读确实是有必要的。

③ 大力倡导诵读。只要我们留意一下就会发现，凡是英语成绩优秀的学生都有大声朗读的习惯，都背诵过大量优美的文章，诵读过名人演讲稿，经常听英语电台或看英文电影。所以不管是英语早自习、早读，还是大课间的"疯狂

英语"，我们都要求学生大声朗读，不仅仅是朗读、背诵教材上的单词、词组和句型，还可以推荐甚至"强迫"他们背诵一些英语原版名篇佳作，练就他们的"英语基本功"。

在初中阶段，开展适合学生英语语言水平与心智发展水平的文学阅读教学，可以让孤立的语言成为延伸文化、历史和哲学的载体。在阅读他人的生活经历时，读者与作者进行着无声的对话，这样的阅读过程既锻炼了学生的语言能力和学习能力，又不断触动着他们的内心，促进他们心智的成熟，提升他们的思维品质和文化品格，即全方位提高学生的英语学科素养。

此外，笔者还积极主张英语教学应该做到"目中有人"，体现"大英语教学"的理念，即英语教学不只是知识的传授，更是情感的交流和文化的传播。我们要向课外自然延伸，让英语成为生活的一部分，通过校园文化、英语活动，营造浓烈的英语学习氛围，尤其是打造"疯狂英语"这一英语学习名片，让学生敢于开口，大声朗读，克服语言学习的障碍，减少学习语言的焦虑情绪，用疯狂的精神学习英语，逐步实现由功利性学习到兴趣性学习的转变，从基本会话、基本表达，从东西方文化的碰撞中去感悟语言的魅力，旨在培养他们学会欣赏、接纳不同的文化，帮助他们认识到学习英语不只是为了考大学，而是让他们感受到"英语是我们看世界的一个窗口"。

参考文献：

［1］程晓堂，赵思奇.英语学科核心素养的实质内涵［J］.课程·教材·教法，2016（5）.

［2］柳夕浪，从"素质"到"核心素养"——关于"培养什么样的人"的进一步追问［J］.教育科学研究，2014（3）.

走探索之路构筑新型课堂

——在初中英语学科教学实践中落实核心素养的几点尝试

王晓瑜

现代外语教育注重语言学习的过程，强调语言学习的实践性，主张学生在语境中接触、体验和理解真实语言，并在此基础上学习和运用语言，鼓励学生在教师的指导下，体验、实践、参与、探究和合作，发现语言的规律，逐步掌握语言知识和技能，形成有效的学习策略，发展自主学习的能力。在笔者的教育教学当中，针对如何落实初中英语学科教学中对学生核心素养的培养这一话题做了三点尝试。

一、走整合、关联、发展之路，促学生提高语言综合运用能力

教育需以人为本，关注学生，关注过程。而要体现这个理念，需根据学生的个体差异，创造性地使用教材。在实际操作中，如能根据话题，做适当的拓展与知识迁移，我们的英语课堂就能适应英语学科素养的培养方向。根据教材与学情的整合与拓展的课堂，不仅能不断地满足学生的求知欲，还能充分调动学生的学习主观能动性，使学习效果达到最佳。

二、情境创设贯穿始终，助学生在语境中学以致用

英语作为一门语言类学科，最主要的是取之实际、勇于实践。捷克教育家夸美纽斯曾说："一切知识都是从感官开始的。"教育家们认为："成功的外语课堂教学应深入创造更多的情境，让学生有机会运用已学到的语言材料。"

因此，笔者在实践当中，尽可能多地去发掘，将教材内容与实际生活相联系，努力使学生在真实的情境当中进行语言实践，将知识学习与技能发展融入主题、语境和语用之中，引导学生学会学习，指向核心素养培养。人教版八年级上册"Unit 10 If you go to the party, you'll have a good time."重点是"if"引导的条件状语从句。上本课时，笔者转变思想，先以一首 If you are happy 的英语歌曲做热身。一方面，通过欢快的音乐吸引学生立即融入课堂；另一方面，先通过歌词帮助学生在情境中感受"if"句型。再者，播放歌曲后通过问句"if you are happy, what will you do?"将学生带入情境中运用"if"句型。最后，以"birthday party"为主题（选取了班级中的一位同学的生日邀请做引题），通过图片的展示，引发学生的联想，激发学生学习热情。通过party前的准备、party中的礼仪、party后的注意事项，班主任建议了三个主要环节，将学生很自然地引到这个大的情境下，自主地根据主题操练重难点句型。最终，教师也能在所创设的情境下，联系实际做好德育渗透。由此可见，情境式的教学更能营造一种学习氛围，使学生形成良好的求知心理，参与对所学知识的探索、发现和认识过程。

三、小组合作提高学生的课堂参与度与自主学习能力

美国教育评论家埃里斯认为："如果让我们举出一项真正符合'改革'这个术语的教育改革的话，那就是合作学习。"随着我校课程改革探索的推进，我们竭尽全力地去改变自身的教育教学观点，尝试新的方法及新的课堂教学模式，推行小组合作学习。在课堂中，学生是主体，激发学生学习英语的主动性和积极性是关键。因此，笔者采取小组合作学习的方法，给予更多的学生参与到课堂中的机会来展示自我。首先，根据学生的英语学习能力、性格、心理素质等方面将他们分成小组，这样更便于交流，为合作意识的培养、合作氛围的营造奠定了基础。其次，在活动之前备足学情与教材，根据不同的学情，尽可能多地设置联系实际的问题，让学生激情加入，在每组小组长的监管与带领下，能展示自己的合作学习后的成果。在人教版新目标八年级下册"Unit 4 Why don't you talk to your parents?"第一节听说课中，主要的教学目标就是与学生的实际生活相联系，谈论问题并用句型"Why don't you / Why not..."给出建议。笔者通过对教材的理解，设立了三个小组合作的内容，分别是关于学习、

父母和朋友。由于教师给予的话题联系实际，学生很感兴趣，愿意主动加入课堂中，既练习了重难点句型，又锻炼了学生的口语表达能力。教师在小组合作时，做好监控，监控好讨论的时间，把握好自己的引导作用。当学生的思维遇到障碍、停滞不前时，教师及时进行引导、点拨，给学生指引，使学生在活动过程中少走弯路，达到预设的最佳目的。通过小组合作学习，每位学生在小组课堂活动中都有事可干，并获得了更多的表达机会。在自主学习当中，既培养了学生独立思考、感悟和判断的能力，又能通过合作互动培养学生对话能力、分享意识和合作意识，还能运用于实际生活当中。

综上所述，核心素养是学生应具备的，能够适应终身发展和社会发展需要的必备品格和关键能力，是学生知识、技能、情感、态度、价值观等多方面要求的综合表现。它更多关注的是过程，对于英语这门学科来说，不只是你背熟了多少单词、语法和课文，而是对学生综合语言运用能力的培养，鼓励学生勤动脑、善发现、喜分析、勤反思，并在此过程中努力将所学到的知识与实际生活相链接，做好思政元素的渗透。然而，作为一名一线英语教师，拥有先进的理念及扎实的学识是关键，我们需不断地探索、尝试、创新，努力地提高语言素养，提高教学实践能力，以及开展教学反思促进自身专业发展。由此可见，寻求更多的真实有效的方法做好学生的教育教学工作，势在必行。

参考文献：

［1］陈琳，王蔷，王晓堂.《义务教育英语课程标准（2011年版）》解读［M］.北京：北京师范大学出版社，2012.

［2］且正东.反思性教学：外语教师自身发展的有效途径［J］.外语界，2000（4）.

［3］冀小婷.英语学科核心素养培养的实现途径［J］.天津师范大学学报（基础教育版），2016（3）.

［4］叶林.小组合作学习在初中英语教学中的应用［D］.武汉：华中师范大学，2011.

初中英语教学中潜力生的转化策略探微

王艳丽

一、绪 论

《英语课程标准》中明确提出:"英语教学面向全体学生,关注每个学生的情感,激发他们学习英语的兴趣,帮助他们建立学习的成就感和自信心。"而在教学中,有这么一类学生,在长达九年的英语学习中,体会到的不是拥有知识的喜悦,而是陷入"学习困难大—学习成绩差—缺乏上进心—被批评排斥—成绩更差"的恶性循环的自卑和痛苦中。这部分学生,我们称其为潜力生。

任何事物的形成都有其一定的内、外在因素,及一个长期的发展过程。诸多原因造成了英语学习中的潜力生的存在,而其中的每一个孩子都有成功的可能。在某些方面,潜力生的潜能甚至比优等生要大。因而,对潜力生形成的原因加以剖析,并制订一定的策略加以改进,有其重要的意义。

事实上,潜力生的问题,在青少年成长的全过程中,一般来说具有暂时性。因此,研究、教育、帮助潜力生是教育工作者义不容辞的责任。

下面,笔者就初中英语教学中潜力生的教育对策谈谈自己的看法。

二、英语教学中潜力生的转化策略

英语教学中潜力生的分类如下。

我将自己所执教班级里的学生分成十个小组,每组4名学生,组内分为A、B、C三个等级,A为组长,B为中等生(潜力生),C为两类潜力生。

笔者设计了潜力生每日学习单(见表1-3),要求每位组长督促组员完成规定的"必修"内容（每日学习内容由笔者根据两类潜力生的具体学习情况确定）。

表1-3 潜力生每日学习单

组别： 学习内容： 日期： 年 月 日至 年 月 日

星期 姓名	周一	周二	周三	周四	周五
A					
B					
C1					
C2					
备注					

根据以上分析和分类，我对两类潜力生采用了以下转化策略。

（一）总体策略：尊重、爱护潜力生，提高自身教学法，完善评价机制

笔者从以下几点着手，落实总体策略。

1. 尊重、爱护潜力生

（1）帮助潜力生从内心接纳自己的一切，即对自己"好的"和"不好的"乃至自己的"任何"都接纳。我通过给学生们上心理团辅课（心理训练是一种特殊的教育过程。团体辅导式教学对促进学生在学习过程中的积极投入和促进学生的成长与发展等方面有积极的作用），使学生体会到人生和生命没有演习，每一天每一秒过了都不会再回来，那么就要接纳自己的"不好"，正视自己的不足，勇敢面对自己在英语学习上的缺憾，重新认识到英语学习的重要性，找到各自的出发点，鼓励他们开始学习。

（2）爱护潜力生。苏霍姆林斯基说："教育技巧的全部奥秘就在于如何爱护儿童。"师爱是教育力量的源泉，是教育成功的基础。亲其师，信其道。爱生是教师应具备的美德，也是教师的天职。师爱对学生来说是一种鞭策和激励，对学生在语言学习中的成长和进步有很大的推动作用。在英语学习中，给潜力生搭建进步的台阶，用鼓励的眼光看待学生，不放弃任何一位学生，学会和学生沟通，了解学生的内心世界和产生问题的原因。针对不同学生的不同问题对症下药，还要降低教育起点，找准切入点，有超强的耐心，改进教学方法，为学生提供充分的自由思考空间，宽容学生的过错，允许学生反复。

（3）尊重潜力生。每一位潜力生都希望得到老师和同学的尊重。在课堂上，当潜力生又一次没有答对问题时，老师应做到不歧视，也要引导其他学生不起哄，以免潜力生的自尊再次受到伤害，多给他们成长的时间。

（4）发现潜力生身上的闪光点。学生不是注水的容器，而是待点燃的火把。教师要善于发现潜力生的优点，对其大加夸赞，以激发他们的学习自信心和动力。

2. 提高自身教学法

（1）明确音标教学的基础地位，完善入门教学。《英语课程标准》明确了音标教学在初中阶段的定位，使课改以来一直困扰教师的"初中英语到底要不要教音标"的问题得到根本解决。音标教学获得了足够的重视，音标教学的基础地位被确立，对学生语言学习的可持续发展和综合语言运用能力提高有极大的帮助。

（2）为学生学习创造条件。对于潜力生来说，不能一味地按教学内容施教，要根据学生的学习基础，适当降低教学难度，先让其掌握最基本的知识，然后再适当提高。老师应把握好基础知识与拓展延伸之间的关系。

（3）让学生喜欢我们的课。著名特级教师邱学华在和青年教师交谈时，有人问他："教师怎样才能成功呢？"他的回答是"如果全班学生都喜欢上你的课，你就成功了"。通过提升个人素养、教学水平等方面，让学生想上我们的课。笔者在教学九年级英语"I like music that I can dance to"单元时，事先准备了很多明星的照片，提前让学生准备道具，上课时装扮成明星的样子，并用定语从句来谈论他们的穿着、性格、所演的电影、所唱的歌曲等，也和学生一起研究当红电视连续剧里的人物性格，潜力生都非常感兴趣，情绪激昂地尽力用英语表达出他们的观点，B组同学在语法上基本没犯错，C组同学用中文表达自己的观点，这样至少激发着他们去参加课堂活动。由此看出，兴趣是开启知识大门的钥匙。

（4）让课堂活起来。让课堂活起来的方法很多，通过小组竞赛学习、学习成果展示、学生讲解、作业纠错竞赛、限时作业等做法，改变单一的教学模式，让课堂充满活力。

（5）教师要学会控制自己的情绪，做到不因学生的原地踏步或退步而不平，要讲究处理问题的方法。

（6）实行分层布置作业制度，因材施教。作业的布置要讲究质量，按照潜力生对所学知识的实际掌握水平去分层布置有效作业，并加强落实和反馈（如每日学习单所示）。

3. 完善评价机制

每一位学生都希望得到老师的认可。对于学生在课堂上的表现及考试成绩，教师都应给予中肯的评价。

为了激发孩子们学习英语的兴趣，同时鼓励孩子对自己做出客观的评价，笔者采用学生自评、互评和教师评价相结合的方式进行英语教学。

（1）自评、互评

学生结束每天的英语学习之后，根据自己及组内同伴的英语学习状况填写自评、互评表（见表1-4）。

表1-4 潜力生自评、互评表

组别： 姓名： 级号： 月 日 星期

	非常棒（3分）	好（2分）	一般（1分）	要加油
1.学习态度				
2.课前预习				
3.课堂表现				
4.课后复习				
5.书写作业				
6.听力作业				
7.朗读作业				
8.背诵作业				
9.上课回答问题次数	≥3次，加1分，<3次，加0.2分			
10.受到老师表扬次数	≥3次，加1分，<3次，加0.2分			

续表

	非常棒（3分）	好（2分）	一般（1分）	要加油
11.不懂就问次数	≥3次，加1分，<3次，加0.2分			
12.帮助他人答疑次数	≥3次，加1分，<3次，加0.2分			

每个组的小组长负责组织本组三名潜力生填写每日自评、互评表中前8项内容，潜力生填写后4项内容。每天的自评、互评表成绩都公布在黑板上，满分为28分，得20分算过关，否则，小组长继续督促各自组员完成当日学习任务。组内如有一人不过关，则不参与组间评价，也不得分。每周进行一次周评，评出个人进步奖和小组进步奖，给予一定奖励。

该评价体系需每天坚持，可使潜力生清楚地认识到自己是进步了还是退步了，同时还可以激发学生学习兴趣，培养学生竞争意识，是个不错的教学方法。

（2）教师评价

教师根据学生平时学习的综合表现对学生进行周评，如表1-5所示。

表1-5 教师对潜力生的周评表

组别：　　　　　第（　　）周　　　　　总体评价：

	B（5分）姓名	C1（5分）姓名	C2（5分）姓名
课前、课上、课后			
作业情况			
考试情况			
备注			

（二）分层策略

1. 对B等级潜力生的转化策略，帮助他们制订短期努力的目标和阶段目标（根据情况更改）

（1）帮助潜力生树立学习目标，增强其学习的主动性，力争从"接受式学习"向"自主式学习"转变。

（2）解决问题的最简单方法就是从简单的小事做起，要求其把小事做好，把每天最现实的学习任务完成好，做到堂堂清、日日清，并坚持下去。

（3）帮助学生制订差错学习计划（根据学生学习情况定）。

著名数学教师华应龙的《我这样教数学》的教育故事，笔者读后颇受启发。华应龙老师认为，最好的学习是在差错中学习。教师将重点放在分析学生的差错上，教师有能力抓住并充分利用好这些契机，让学生的每一次差错成为我们教育的好机会，这是一个很好的课题。可以为学生建立纠错本，做到有错必改、有改必讲，即改了错之后，要讲给老师听，讲给同伴听，效果不错。

（4）合理安排学习时间。学习效果和学习时间不一定永远成正比关系。最好的效果是时间和效率都取最大值。以下是笔者给潜力生做的时间安排。

早晨：早读课上要高质量地大声念，必要时用笔写一下加深印象。

每个课间：先在作业本上记下上节课作业（化整为零，节省自习课记作业时间），然后活动一下，把下节课用的东西整理出来（包括：上节课的核心内容简单回忆一下，这节课的内容有目标地预习）。

2. 对C等级潜力生的转化策略，帮助他们制订短期努力的目标和阶段目标（根据情况更改）

（1）培养兴趣。让潜力生选择自己喜欢的英文歌曲，学唱给老师和同学们听；看原声电影，模仿演员发音；让他们上表演课，大展风采，激发学习英语的兴趣。

（2）培养自信。有了学习兴趣，潜力生在课堂上活跃起来了，笔者和同学们抓住机会夸赞他们，使其信心倍增。

（3）重读小学课本。帮助潜力生重读小学课本，让他们发现自己其实知道很多英语知识，并没有自己想的那么差。

（4）如B组同学那样合理安排学习时间。

两类潜力生均能合理安排自己的学习，不同程度地提高了学习效率和质量。

通过培养，大部分潜力生成了学习的主人，可以按照每日学习单完成学习任务。

3. 老师引导家长的策略

笔者通过邀请家长参加学生的团体辅导课、电联沟通等多种方式，使家长认识到家庭教育的重要性，并能为孩子的健康成长做出努力。

三、结论

潜力生形成的原因千差万别，一把钥匙开一把锁，老师们怀着一颗爱心，一种崇高的职业道德，因材施教；家长们怀揣责任，尽心尽力，相信，"潜力生"的潜能一定会被激发出来。

参考文献：

［1］比格勒，毕晓普.美国最优秀教师的自白［M］.刘宏，译.北京：中国青年出版社，2008：23-26.

［2］苏霍姆林斯基.给教师的一百条建议［M］.杜殿坤，译.北京：北京教育科学出版社，2000：46.

［3］魏书生.班主任工作漫谈［M］.桂林：漓江出版社，1993：28.

［4］魏书生.语文教学探索［M］.开封：河南大学出版社，1990：69.

［5］华应龙.我这样教数学［M］.上海：华东师范大学出版社，1970：2.

研讨篇

聚焦核心素养,关注"问题"课堂

——核心素养下的初中英语"问题"课堂

张韦刚

不同于一般意义的"素养"概念,"核心素养"指学生应具备的适应终身发展和社会发展需要的必备的品格和关键能力,突出强调个人修养、社会关爱、家国情怀,更加注重自主发展、合作参与、创新实践。从价值取向上看,它"反映了学生终身学习所必需的素养与国家、社会公认的价值观";从指标选取上看,它既注重学科基础,也关注个体适应未来社会生活和个人终身发展所必备的素养,不仅反映社会发展的最新动态,同时注重本国历史文化特点和教育现状。它是每一名学生获得成功生活、适应个人终身发展和社会发展都需要的、不可或缺的共同素养;它是一个持续终身的过程,可教可学,最初在家庭和学校中培养,随后在一生中不断完善。中国学生发展核心素养,以科学性、时代性和民族性为基本原则,以培养"全面发展的人"为核心,分为文化基础、自主发展、社会参与三个方面,综合表现为人文底蕴、科学精神、社会学系、健康生活、责任担当、实践创新六大素养,具体细化为国家认同等十八个基本要点。

十八个基本要点则从更细微的角度对核心素养予以阐释,其中不少要点直指当前教育改革过程中的难点与痛点,让人眼前一亮,如提出"批判质疑",要求学生具有问题意识,能独立思考、独立判断;思维缜密,能多角度、辩证地分析问题,做出选择和决定;提出"审美情趣",要求学生具有艺术知识、技能与方法的积累,能理解和尊重文化艺术的多样性,具有发现、感知、欣赏、评价美的意识和基本能力（以上参考《中国学生发展核心素养》）。

在核心素养阐述中，要求学生要有问题意识，同时，有思考、分析、表达问题的能力，但笔者认为，初中英语课堂中教师更应该有问题意识，能够提出触及学生心灵、有利于学生长远发展的问题，能够以问题为导向，营造英语语言氛围，了解文化差异，学习英语语言知识。

爱因斯坦说过："提出一个问题往往比解决一个问题更重要。"课堂提问是课堂教学的核心，合理有效的课堂提问能使学生最大限度地获取信息，充分发挥教师的主导地位和学生的主体作用，及时调控教学，提高课堂教学的效益。

说到问题，笔者认为主要包括教师在课堂教学设计中的问题的预设和学生在课堂教学过程中产生的问题。

教师在课堂教学设计中，以问题为导向，让问题成为课堂主线，引发学生无限的思维想象，锻炼他们的思维能力、语言能力、表达能力等一系列为终身发展奠基的综合能力。教师在课堂教学设计中应注意以下几个问题。

（1）适应性。对于英语教师来说，在一学期内完成教学大纲要求的内容，时间紧、任务重，因此，教师在备课的时候所设计的问题首先应该与本节课的重难点保持一致，在实现重难点目标的基础上，设计问题的串联，引发学生的思维过程。在正确的问题引导下，教师突破重难点，学生掌握知识、锻炼思维品质，为学生终身学习打下坚实基础。

（2）趣味性。兴趣是主动学习的原动力，兴趣是万事成功的前提条件。心理学实验告诉我们，精巧的问题、有趣味性的提问能够吸引学生集中精力、振奋感情、提高兴致，激起他们强烈的求知欲，同时可以引发学生积极的思维。因此，老师在课堂中能否设计出符合学生身心发展和年龄特征的问题，直接关系到学生能否获得知识和能力的锻炼。

（3）延展性。英语学科核心素养中的文化品格要求学生重点在于理解各国文化内涵、比较异同、汲取精华、尊重差异等方面。但在实际的教学中，能关注这个英语核心素养要求的教师少之又少，提出的问题也无法立足于这个高度。英语作为一种语言教学，让学生可以有无限的思维与发挥，所以教师在设计问题时，一定要有多种预设，提出的问题应该是有高度和深度的，可以拓展延伸学生的思维能力。

教师提出的问题也应体现文化差异，具有国际视野，本着发展的眼光看世界，与社会发展相适应，与国际社会接轨，体现兼容并蓄、博采众长的原则。

（4）多元性。此处的"多元"主要包括：问题设计的多样性和提问方法的多元化。①教师设计问题要避免单一，应设计出与课本知识息息相关、能与时代接轨的问题，其中不乏可以设计一些"无用"的问题。《英语课程标准》中要求教育要面向全体学生。毕竟一个班级中，学生的学习水平和学习能力参差不齐，而且这些"无用"的问题可以保持学生的思维活性，让不同层次的学生得到不同程度的发展。②教师要活跃课堂气氛、驾驭学生思维、丰富课堂教学内容，就必须灵活运用多种提问方法，而提问方式的多样性也可以为部分教师单一问题设计弥补不足。提问方式包括两种：单一问题问法多样性和提问方式多样性。对于一个问题，虽然答案一致，但问法可以不同，这样学生需要发散思维考虑同一个问题。提问的方法有以下几种：单个回答——由个别学生单独回答某个问题；小组讨论——由小组成员集体讨论，最后由小组代表回答，其他成员补充；全班讨论——由全班同学共同讨论同一个问题，各抒己见，相互鼓励，相互补充，开阔思路，各种新颖、独特甚至创新的见解就会在宽松、平等的课堂气氛中产生出来。

有了教师精心设计的问题，才能引发学生的质疑。在初中英语课堂教学过程中，教师要留给学生更多的空间和时间，让学生质疑，提出问题。学生提出问题就是思维的过程，可以提升语言组织、表达等能力，为终身学习奠定基础，但需要注意以下两方面的问题。

第一，转换角色，体现主体。南宋教育家朱熹说过："读书无疑者，须教疑。"著名科学家李正道也指出："什么是学问？就是要学怎样问。"因此，课堂教学中不仅要让学生"学答"，更要重视指导学生"学问"。为此，教师要转变教学观念，注重师生互动。转变传统的教学观念，就是教师要积极转换自己在教学中的角色，把学习的主动权真正还给学生，从知识的传递者转变为学生学习的促进者、组织者、引导者和参与者。教师应以学习同伴者的角色进入学生内心世界，与学生一起反思学习过程和学习效果，互相鼓励和帮助，真正做到教学相长。在课堂提问中，要注重师生互动，既可以教师向学生提问，也可以学生向教师提问或学生向学生提问。

第二，加强合作，注重交流。《英语课程标准》中要求突出学生的主体地位，倡导学生在教师的指导下，通过体验、实践、参与、探究和合作等方式，发现语言规律，逐步掌握语言知识和技能，不断调整情感态度，形成有效的学习策略，发展自主学习能力，这需要教师及时通过问题精心地调控和引导，认真研究和设计好课堂提问。

小组合作是提高英语课堂教学效率的有效途径之一。小组合作中的基础和前提是教师给出的指令，而这个指令就是问题，因问题而讨论，在讨论中就可以产生问题。小组成员间通过讨论、交流，相互之间会产生教师无法预估的问题数量，在交流中，培养学生的思维表达、合作意识，还可以体现过程评价，而这些因素都形成了核心素养中的关键品格，为学生终身发展奠定基础。

在小组合作中，教师提出问题时应该注意：一是提有价值的问题，引导学生讨论的问题不同于师生间的简单问答，讨论的问题是可以引发学生积极思维和讨论欲望的，可以引发不同的观点及可持续讨论的问题；二是提有启发性的问题。著名教育家契科夫说过："教育学生一旦触及学生的情绪和意志领域，触及学生的精神需要，这种教学法就能发挥高效作用。"因此，教师的问题设计还要有助于学生的思维发散、创新能力的培养、思想情操的陶冶，要富有启发性，利用问题使小组成员全员参与、相互提问，完成合作与讨论全过程。

时代在进步，社会在发展，英语"问题"课堂的形成，可以让学生形成终身发展和社会发展需要的必备品格和关键能力，在立德树人的基础上，引领和促进教师的专业发展，帮助学生明确未来的发展方向，为学生的终身发展奠定坚实的基础。

参考文献：

［1］余文森.核心素养的内涵与意蕴［J］.今日教育，2016（12）.

［2］王元秀.对英语课堂提问有效性的探讨［J］.科学教育，2008（3）.

［3］陈丽诗.初中英语课堂提问技巧［J］.素教教师，2011（14）.

加强语言实践　提升人文素养
——在英语课堂内外落实核心素养的几点尝试

陈　菲

2016年9月13日，《中国学生发展核心素养》研究成果在京发布，其主要内容如图2-1所示：

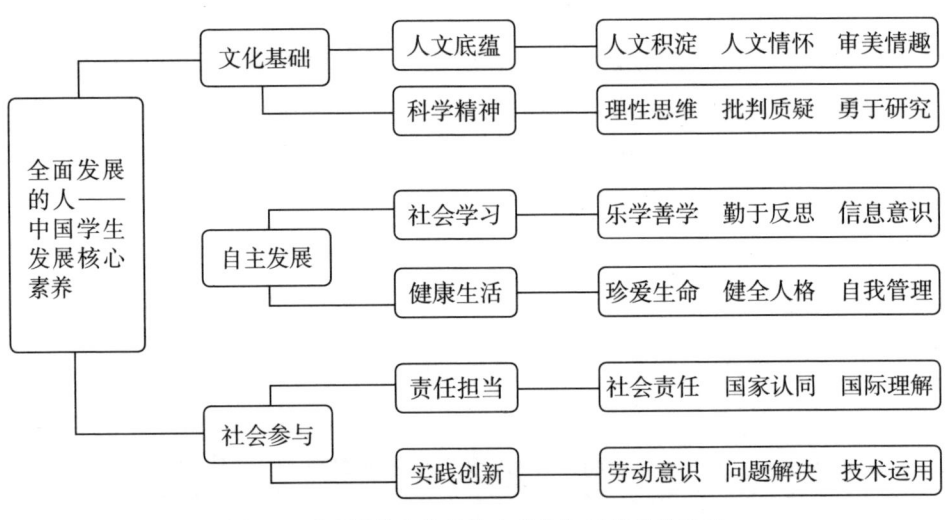

图2-1　《中国学生发展核心素养》研究成果图示

该研究成果要求教师在教学过程中提升学生的人文底蕴、科学精神、社会学习、健康生活、责任担当、实践创新六大素养。而英语学科核心素养是学生在接受相应学段英语课程教育的过程中，逐步形成和提升的适应个人终身发展和社会发展需要的必备品格和关键能力。

那么，怎样在英语教学中逐步体现，进而落实这些核心素养呢？通过精心地研读与反复地思考，我们发现"学生素养的形成并不是靠单纯的课堂教学来实现，而是以学生参与其中的教学活动，通过学生的经验和思考日积月累逐步形成的"。

在初中英语教材中，有许多关于国家、风俗、文化的文章。英语教学不仅是跨文化底蕴积累和升华的过程，更是人文素养提升的过程。因此，在课堂内外给予学生多种语言实践的机会，可以让学生在体验不同文化的交集、冲突与融合的过程中提升人文素养。

一、强化口语实践，培养语言交际素养

语言学家克鲁姆说过："成功的外语课堂教学应该是创造更多的情境，让学生有机会用自己学到的语言材料。"

在实际教学中，以人教版新目标七年级英语教材内容为本，根据学生的年龄特点和兴趣爱好，对教材的口语教学内容进行整合，以情景对话为主，紧密联系课文，但又高于课文，既是对课文内容的复习巩固，又是课文知识的延伸和拓展。同时，口语教学内容又渗透影响到课堂学习中，相辅相成。

经过反复思考及教学实践，我们把本册书的口语教学内容整合为十个话题，如表2-1所示。

表2-1　人教版新目标七年级英语教材十个口语教学话题

序号	话题	相关课文	内容
1	Greeting and Introduction	七A Unit 1，Unit 2 七B Unit 1	问候与介绍
2	Position	七A Unit 4 七B Unit 2	询问方位
3	Talking about the owner	七A Unit 3 七B Unit 7	询问物主

续 表

序号	话题	相关课文	内容
4	Sports	七A Unit 5 七B Unit 11	运动
5	Diet and Health	七A Unit 6 七B Unit 8	饮食与健康
6	Shopping	七A Unit 7 七B Unit 7	购物
7	Birthday	七A Unit 8 七B Units 9 ~ 10	谈论生日
8	Subjects	七A Unit 9	谈论学科
9	Weather and Life	七B Units 5 ~ 6,	天气与生活
10	Hobbies and Interests	七B Units 3 ~ 4, Unit 12	兴趣与爱好

这样整合的结果是，让口语教学内容主要围绕课堂上学到的对话或课文中所表达的人和事，灵活地运用到现实的语言环境中，培养学生听和说的能力，增进学生学习英语的兴趣和信心，发展学生的口语技巧，巩固词汇、语法，训练学生的发音。通过真实的情境让学生感知词汇的意义，让孩子们不知不觉地置身于英语的环境中，而生动活泼的氛围和意境能激发学生的学习热情，而且更易于创造、模拟母语学习环境，从而达到培养学生语言交际素养的目的。

二、融入情景表演，提升团队合作素养

在人教版新目标八年级的教材中，既有中国神话故事 *An Old Man Tried to Move the Mountains*、*Journey to the West*、*Hou Yi Shoots the Sun*、*Nu Wa Repairs the Sky*，也有西方童话故事 *The Emperor's New Clothes*、*Hansel and Gretel* 等。在教学过程中，让学生通过读故事、听故事、分享故事等活动欣赏中国古代美丽传说和西方童话故事，感受中西方文化的差异与融合，培养学生的文化意识与情感态度，提高学生文化素养。

情景剧的表演，既培养了学生的竞争意识，又锻炼了学生的团队合作精

神,在小组竞争与合作中,使学生通过感知、体验、实践参与和合作探究等方式完成任务,在活动的过程中使他们体验到合作的快乐、竞争的刺激和同伴互助的力量,从而培养学生在人际交往中与人相处的协调能力和合作意识,培养学生良好的性格。

三、借助配图诵读,锻造文本赏析素养

人教版新目标九年级教材中的 *Mom Knows Best* 和 *I Remember* 是最能引起学生产生共鸣的两首诗歌。教师课前给学生布置任务,请同学们根据自己的情感体验给这两首诗歌配乐、根据情节给这两首诗配画。

课堂上,学生们展示的每一小节诗歌的配图,就是他们成长过程中的一段剪影;而设计的小组合作任务"Dad knows Best"更是把本节课推向高潮——孩子们对父母的爱与依恋在他们的笔尖缓缓流淌,虽然文字还很稚嫩:

When I was a tiny baby, he hold me on his shoulders;

When I was five riding a bike, he was there with me while smiling;

When I was six flying kites, he was happy just like a boy...

在毕业前夕,学习赏读 *I Remember*,当略带离愁的音乐响起时,学生们深情朗读这首英文诗歌。他们从中感受到的不仅仅是英语语言的魅力,也有着对初中三年美好生活的回忆与感悟:

It's time to say goodbye, tears run through my face, my heart;

Remember the lovely and helpful classmates;

Remember the strict but warm-hearted teachers...

诵读和写作是互逆的能力迁移的过程,诵读赏析是由外向内的吸收,写作是由内向外的表达,通过诵读赏析,锻造学生文本赏析的能力。

四、开展美文阅读,升华文化品格素养

经典美文作为传统文化的精髓,对升华学生文化品格有着深远的意义。翼课网平台提供了适合不同年级、不同水平学生使用的阅读材料,拓宽了学生的阅读视野,文字浅显易懂、短小而富有哲理。*New York is Three Hours Ahead of California*、*Time*、*Never Give Up*、*Towards the Sea*,*with Spring Flowers*

Blossoming 等都是小读者们首选的佳作，这些作品或富有哲理，或启迪心灵，或振奋人心……

通过开展英文美文阅读活动，引导学生在书籍中发现文明，追求卓越，理解真、善、美，感知生命的美好，不仅在培养学生自主学习能力的过程中提升学生的语言能力和文化品格，还在读者与作者的思维碰撞中自然提升其人文素养。

正如人教社陈力所言："我们的教学是以英语学科核心素养为目标的教学，既是语言知识与语言技能整合发展的过程，也是思维品质不断提升、文化理解不断加深、优秀文化品格不断形成的过程。英语核心素养在教学实践中落地的根本和关键，还是每个教师的专业素养。要在英语教育教学中帮助学生发展核心素养，教师需要比以前看得更远、做得更细。"

因此，建立以学生发展为本的新型教学关系，对拓宽学生知识、丰富学生生活、提升学生人文素养显得尤为重要。开展充满活力、富有效率、更加开放的课内外活动，加强学生语言实践，培养学生语言表达和文字感悟的素养，推进社会主义核心价值观内化于心、外化于行。

参考文献：

［1］中华人民共和国教育部.义务教育英语课程标准（2011版）［M］.北京：北京师范大学出版社，2012.

［2］陈力.略谈"英语核心素养"［J］.小学教学设计，2017（21）.

初中英语教学中学生核心素养的培养

李晓明

当前，核心素养已成为教学活动的热点，也是课程改革的一项重要指标，并在某种程度上推动着课程改革不断发展。学科教育具有重要的育人价值。核心素养是学生通过学科学习逐步形成的正确价值观念、必备品格和关键能力。教师上课的目的是教会学生知识，教会学生学习，教会学生做人，促进学生全面而有个性地发展。

在核心素养背景下，应把核心素养的三方面六要素整合到学习内容、学习方式和教学方式之中。《英语课程标准》要求在义务教育阶段开设英语课程，从而让学生能够更好地学习科学文化知识及了解世界，并在一定程度上传播中国文化，加强与其他国家青少年的交流与沟通，最终促进青少年长远发展。因此，在新的形势下，对英语教学模式有了新的要求，特别强调教师课堂的教学行为对学生的引导作用，注重对学生核心素养的培养，解决"培养什么人、怎样培养人以及为谁培养人"三个问题。

一、初中英语教学的现状

初中《英语课程标准》明确地将培养学生的综合语言应用能力作为教学的核心目标。步入青春期的初中生比小学生多了顾忌心理，在表达上缩手缩脚，即便是基础较为扎实的学生，也存在陷入"失声"瓶颈的现象。

我们知道，语言能力是英语学科核心素养中的核心。那么，作为教师，我们应该如何把学生从束缚中解放出来，激发他们的个性潜能呢？这就需要我们的课堂教学构建让学生有存在感的学习氛围与情境。教师作为教学内容的指导者、课堂活动的引导者，在教学中占有主导地位。

在初中英语教学课堂中，还会有部分教师过于注重课堂效率，没有留出一定空间给学生提出问题、分析问题和解决问题，忽视了对课外实践的延伸。学生作为学习的主体，在学习过程中缺少发挥自身的主观能动性，以及缺少根据自身的学习情况选择适合自身的学习方法。核心素养是学生通过学科学习逐步形成的正确价值观念、必备品格和关键能力。教师要教会学生发现问题、解决问题，培养学生用英语进行思维的能力。在核心素养背景下，把核心素养的三方面六要素整合到学习内容、学习方式和教学方式之中。

二、在核心素养背景下构建初中英语教师行为的建议分析

《英语课程标准》强调英语课程应从培养学生的学习兴趣入手，最大限度地发挥学生的潜在能力，使学生积极主动地参与学习的全过程，将学习变成学生自觉、自愿、高兴的事，让学生做学习的主人。这就要求我们教师在课堂上，要通过创设情境、鼓励表达、引导学生反思等手段，突出培养学生的沟通与合作。"核心素养"的培养，其实就是教学改革与创新的过程，是一个教师与学生角色、地位转化的过程。精彩的课堂，不是教师的口吐莲花，而是学生的智慧表达。核心素养体系下的课堂教学，对于激发学生的学习热情、发挥学生的语用能力、培养学生的综合素养都有着重要的作用。在实际英语教学中，我们要关注学生在活动中的反应与表现，有针对性地给出指导与评价，帮助他们树立信心、赢得喝彩，让我们的课堂"出彩"，让学生也"出彩"。

教师在课堂上应该与学生一起构建知识体系，保证学生的学习主体地位，并激发学生的学习主动性，让学生自觉地使用英语，将课堂的主动权交还给学生。从"知识和技能教学"转向"对学科核心素养的培养"，教师不仅要树立先进的教学理念，还要提高自身的教学能力，特别是在核心素养的理念指导下，改变脱离语境的知识学习，将知识学习与技能发展融入主题、语境、语篇和语用之中，促进文化理解和思维品质形成，引导学生学会学习，指向核心素养培养。例如，在对单词进行教学时，教师自身不仅要掌握单词的应用，还要对单词在西方文化知识中的相关理论有所了解。所以，教师要提高自身知识储备，提高知识的内容、方法、技能与培养学生价值观、思想品质、情感取向相结合的能力，从而提高初中生核心素养。

英语学科的另一个任务是育人。教育要回归原点，关注人的发展；教学要服务学生学科核心素养的发展，从意义出发，推动深度学习。教师要思考学科价值，通过教学实现育人的目标。教师要注重对学生的能力培养，尤其是加强对学生人际交往、思想品质、跨文化等素养的提升，通过科学合理的教学行为来影响学生的思想、文化、能力等素质。在教学中渗透教育，做到教书与育人两不误，既为学生打下坚实的知识技能的基础，又培养他们正确的情感、态度、价值观，促进学生素养不断进阶、提升。教师要变教学视角为教育视角，突破传统的知识视野、课堂视野，走进学生的生活，走进学生的心田，给学生适合的教育。

三、初中英语教学中学生核心素养的培养策略

1. 加强对学生能力的培养

从核心素养培养的角度来看，教师在进行教学时一定要将学生的英语学科核心素养的培养与英语教学结合起来，使学生形成适应终身发展和社会发展需要的必备品格和关键能力。初中阶段英语核心素养的内容包括对学生思维品质、语言能力、学习能力及文化意识等多方面的要求。根据这种核心素养能力的需求，教师可以有针对性地开展英语教学，通过创新多种教学模式与方法，加强对学生综合能力的训练，以此来综合提升初中英语教学的整体水平。课堂教学是提高教学质量、培养学生英语核心素养的关键。只有不断提升学生的语言能力，才能更好地彰显英语学科独有的魅力，使英语课堂充满生机和活力。课堂的核心在于每位学生对课堂活动的参与度，而教师的任务便是倾听这样的互动，做一个博学多闻而又思想开明的人，见证学生的每一次探索。

在日常的教学活动中，应聚焦学生发展核心素养，以提升学生终身学习能力为理念，以培养学生全面发展为愿景，将新时代的理念传授给学生，同时重视对学生兴趣和爱好的挖掘，促进其全面发展。在育人方向上，注重课程的整体价值与功能，多维度评价学生。在英语授课过程中，教师应重视实践活动的丰富性与多样性，加强对学生的学习体验、动手实践及创新意识的培养，将核心素养的培养融入教书育人的理念之中，最终达到新时代的教学要求。如在人教版新目标初中英语七年级上册"Unit 1 My name is Gina. 3C Practice introducing yourself and others in a group"教学中，教师先用英语向学生进行自我介绍，然

后让学生用英语进行自我介绍。这样的方式能够有效地提高学生的英语水平和能力，并促进其形成核心素养。

2. 开展丰富的教学实践活动

在初中英语教学中，教师应对教学的结构体系进行改变，不应该把课堂所有的时间都放在自己的教学内容上，而是应该开展丰富多彩的教学实践活动，从而正确地引导学生进行学习和思考，让学生在实践中掌握所学知识，从而对学生的核心素养进行培养。

3. 打破传统的教学模式与理念

在初中英语教学中，教师可以通过创造教学情境，加强与学生的沟通与交流。例如，教师可以选取一个比较有意义的话题，让学生进行思考，并站起来用英语进行表述，教师再用英语对学生进行提问，同时，学生也可以向学生提问，通过这样的方式，使学生克服心理障碍，能在一定程度上建立和谐的人际关系。此外，教师可以根据教材内容，从网络收集相关的电影或电视，在课堂上向学生展示，从而使学生的情绪得到放松，增强学生对英语学习的兴趣。

4. 教师要注重对学生优秀品质的培养

通过对一些优秀品质进行挖掘，可以使学生树立正确的世界观、人生观与价值观。如在对人教版新目标初中英语七年级上"Unit 8 When is your birthday？"进行教学时，教师可以结合课文内容，让学生讲述自己过生日时的场景。这样将学生的生活经历迁移到英语教学中，可以极大地将核心素养融入初中英语课堂，使学生正确树立自己的价值观、人生观和世界观，从而达到教书育人的目的。

四、结束语

综上所述，在英语教学中培养学生的核心素养是顺应时代发展要求的体现。英语核心素养对学生未来的发展及长远的学习具有非常重要的作用。英语教师要在教学过程中，结合教学内容和教学目标，采用有效的教学手段，培养学生的核心素养，使学生形成正确的价值观和高尚的品德，并懂得对自己的言行进行约束，成为具有综合素养的人才。教师将学生放在学习的主体地位，重视对学生创新能力、实践能力、思维能力等各项能力的培养，从而使其全面发展，最终为国家和社会的发展培养更多的综合性应用人才打下良好的基础。

参考文献：

［1］蒋俊章.基于核心素养的初中英语课堂教学探微［J］.四川教育，2017，11（1）.

［2］沈习敏.初中英语教学中学生核心素养的培养［J］.新课程，2016（35）.

［3］姚飞.基于核心素养的初中英语课堂教学策略［J］.英语教师，2017（06）.

基于核心素养的初中英语高效课堂的构建

许 蓉

高效课堂的提出，对学生和教师具有非常深远的意义，高效课堂的构建，也对教师的能力提出了全新的要求。因此，教师需要不断转化教学理念、优化教学方法，促进学生英语技能的提升。

一、初中英语高效课堂构建的意义

在初中阶段，构建高效课堂能够很好地解决初中英语教学中教学质量和水平不高的问题，同时通过新颖教学方法在教学中的应用，能够锻炼和提升学生的思维能力和水平，有助于学生更好地掌握英语这门外语课程。高效课堂的构建，对于学生和教师而言，都是一种非常不错的课堂模式。教师在教学中可以拥有更多的时间处理学生的问题或是教学更多的知识，而且在高效课堂中，学生学习的效率和质量都会获得大幅度的提升。参与课堂活动，对于学生将来在生活和学习中英语技能水平的提升具有非常重要的作用。此外，在高效课堂中，活跃的课堂氛围及和谐的师生关系能够充分调动学生的学习积极性和热情，使学生全身心地投入英语知识的海洋中，更加深入地感受英语的魅力，让学生意识到英语学习的重要性，培养学生终身学习英语的意识，从根本上促进学生英语核心素养的提升，实现核心素养教学理念在课堂中的融合。

二、核心素养背景下构建初中英语高效课堂的策略

1. 运用鼓励评价，调动学生兴趣

教师在初中阶段教授英语知识的时候，首先需要调动学生的学习兴趣和热

情，通过激发学生的兴趣，促使学生主动参与到英语课程的学习中，获得英语素养水平的提升。随着核心素养理念的提出，教师在教授英语知识的过程中，除了教授基础英语知识外，还要帮助学生转化学习英语的思维，帮助学生形成主动学习、主动思考和解决问题的能力。

例如，教师在教授人教版七年级上册"Unit 1 Good morning！"这节课程的时候，由于学生是初次接触到深层次英语内容，教师在教学过程中，可以采用鼓励评价的方式，帮助学生提升学习英语知识的兴趣。在初中英语教学活动中，为了帮助学生更好地巩固英语基础知识，需要进行听写提问。通常情况下，学生听写的结果具有一定的差异性，因此，教师要尽量避免直接评判的评价方法。教师可以说："今天的听写结果，并不是很好，全部正确的还是那几个同学，不过其他同学也是非常值得表扬的，整体听写结果比之前进步不少，大家再接再厉，争取每个同学的听写结果都能够全对！"在教育中，赞扬的效果永远大于批评的效果，通过赞扬和鼓励的方式，能够让学生感受到教师对自己的重视和关注，从而调动学生学习英语的兴趣和积极性。

2. 应用问题情境法，激发学生思维

问题情境教学法在初中英语课堂中的应用，能够激发学生的探究思维和思考思维，帮助学生分析句式、短语、时态的使用场合，继而巩固学生的应用基础。问题情境教学法可以有效地培养学生的英语思维，强化学生的应用基础能力，而且在教学中，教师可以采用层层深入的方式，帮助学生一点点了解和学习英语知识和技能，实现知识系统由浅入深的学习过程，从而大大提高学生自主解决英语问题的能力，促进学生核心素养的养成和英语技能的提升。

例如，教师在教学人教版八年级上册"Unit 5 Do you want to watch a game show？"的时候，为了更好地锻炼和提升学生的英语思维能力，教师可以利用问题情境导学法，充分调动学生学习的热情。首先，教师让学生总结一下学习过的句式，其次让学生从本节短文中寻找相关的句式，最后，教师再提出："文中有没有使用状语从句？""如果有，在哪里？使用的是时间状语从句、地点状语从句，还是原因状语从句？"教师通过结合短文情境提问，既可以提升学生英语阅读能力，也可以加深学生对句式的掌握。

3. 增加师生交流，改善学习氛围

随着核心素养理念在教学中的深入，越来越多的教师意识到在课堂中与学生交流沟通的意义和作用。师生间的友好交流，不仅可以提升学生的兴趣，而且可以帮助学生养成良好的学习习惯。教师可以采用多种教学方法和活动，提升学生交流的积极性，改善学习氛围，鼓励和培养学生的提问能力，让学生在遇到问题后，敢于向教师提出自己的疑惑，争取获得最高的学习效益。另外，良好的沟通效果能够拉近师生间的距离，促进师生关系的友好发展，形成教师主动帮助学生解决困难、学生敢于提出不同的意见的学习氛围，帮助学生高效提升英语素养水平。

三、结语

总而言之，教师在构建高效课堂的过程中，应当遵循核心素养的理念和内容，以"低时高效"为课堂构建核心，以学生为中心设计和开展教学活动，才能够调动学生的主观能动性，激发学生的学习热情，丰富教学资源，推动学生英语核心素养的提升，提升教师教学质量和水平。

参考文献：

[1] 易秋梅.核心素养下农村初中英语高效课堂的网络教学策略研究[J].东西南北：教育，2019（8）.

[2] 杨刚荣.核心素养下构建初中英语高效课堂研究[J].中学生作文指导，2019（33）.

[3] 赵丽春.基于核心素养的农村初中英语高效课堂的构建[J].校园英语，2019（34）.

[4] 安雅欣.浅谈如何在初中英语教学中实施高效课堂[J].新教育时代电子杂志（教师版），2018（48）.

核心素养之提升英语听力能力方法论

苑凤华

第一部分　听力教学应用分析

一、听力在英语学习中的位置和作用

在我们日常的英语教学中，英语听力教学在综合式教学法中有充分的应用，也发挥着非常重要的作用。那么，英语听力又是如何作用于综合应用教育教学能力的呢？

（一）英语听力教学中综合式教学法的应用

综合式教学法是指国内的教学理论教学法和实际教学法与国外教学方法与理念有效地融合，吸取两者之间的优点，摒弃缺点，是结合英语听力的教学特点和教学理念，在长期的实际应用中发展而来的一种新的教学方法。

1. 培养学生的阅读能力

对于教材的英语阅读，对于不知道具体意思的词汇，教师要鼓励学生自己查找，通过这样的方式锻炼学生看英文杂志、报纸，以及网络上的英语资源，培养学生快速获取信息的能力，可以不断扩充学生词汇量，还可以丰富学生的课外视野。英语报纸和期刊上包含社会各个方面的知识，能够加强学生对国外政治、经济、文化，以及地理和历史等方面知识的了解，可以引导学生在扩充词汇量的基础上，接触更多学科的知识。

2. 培养学生的英语听力能力

对英语文章中的空格部分进行推敲，是加强学生听力的主要策略，简单来说，就是让学生根据上下文之间的联系，分析空格处的词汇。此种教学方法能够使学生在进行听力学习时，积极地应对新的信息，并且被动地接收信息。在听取一篇英语阅读时，一般应该听取三遍，第一遍听取文章的主旨；第二遍听文章细节填空；第三遍检查填空是否正确。在刚开始进行听力训练时，学生很难及时进入状态，更难以抓住文章主旨。因此，教师要引导学生多次进行训练，避免过分地听取文章细节，导致得不偿失的情况出现。第二遍听力填空是在明确文章主旨的情况下进行精听，此时，对于每个词汇的意思都能够清楚理解，不能够存在不明白的地方。对于听不出来的词汇，要养成良好的习惯，首先根据文章的上下文关系进行猜测；其次根据听出的发音查字典，或者求助教师进行解答。第三遍就是通过听力来检查填空是否正确。

3. 培养学生会说的能力

教师可以将学生分成若干个小组，然后彼此进行英语说的练习，让学生想象自己就是在一个空荡荡的操场上大声地朗读出来，这对学习英语是很重要的。然后，教师对各个小组的朗读情况进行评比，指出不足之处，对好的方面要给予肯定，从而不断鼓励和引导学生学会说。此种教学方法能够提升学生的语音能力，而语音和听力有很大关系，好的语音对提升学生的英语听力能力有很大帮助。

4. 培养学生的写作能力

教师可以给学生几个词汇，让学生以此为主要内容，写出完整的句子，然后教师以句子中的词汇为引导，让学生复述完整的句子，逐渐地引导学生在没有任何信息指引的情况下，复述出完整的句子。除了句子复述外，教师还可以针对不同的文章内容，安排学生以个人或者小组的形式分析讨论文章内容，并且发表自己独特的见解。这样的教学方法不仅可以锻炼学生的思维能力、表达能力，对英语听力的学习也有很大帮助，同时，通过学生英语写作能力的培养，能够让学生对英语语句、语法等有进一步的理解，能够帮助学生提升英语思维能力。将听、说、读、写有效结合的综合式教学方法，能够提升学生学习的积极性，使学生养成良好的学习习惯，从而提升学生对英语的综合应用能力。在进行英语听力教学时，教师要寻找合适的教学资源，对提升英语教学质量也有很大帮助。

学习者在学习的过程中，由于接受到新的知识内容而在自身已有的知识结构和体系中产生联想、想象等活动，通过这样的过程将新的知识和信息丰富到已有的知识结构和体系中。每个人的知识结构和体系之间都存在着许多空白地带，而当这些空白地带被新的知识和信息填满时，就会出现新的空白地带。因此，人在学习过程中，如何借助自身已有的知识结构和体系去分析和消化新知识，是一门学问。在这个过程中，学习者主动地消化既有的知识结构和体系是影响整个形成过程的关键因素。

（二）英语听力教学活动的作用与影响

英语听力教学活动在实际的教学过程中，注重英语听力内容对学生学习过程的预期作用、补充作用。一是预期作用。借助学生内在知识体系与结构，英语听力教学过程中注重选择启发性、联系性的英语知识作为听力素材，保证在学习的过程中让学生能够充分发挥主体的预测功能。当学生接触到听力内容之后，大脑会迅速根据所接受到的信息搜索自己已有的知识体系内容。学生一旦找到与所听到的信息相对应或者相联系的知识，就会产生一个完整的图式，而这个图式一旦形成，学生就能够对听力内容产生一个预期。比如，当听到"hospital"时，学生马上就会想到"挂号""医生""病症"等相关性内容。二是补充作用。图式的形成过程十分迅速，而且形成图式的条件并不复杂，往往只需要关键的几个信息就可以形成完整的图式。因此，在学生进行英语听力课程时，教师完全可以根据所听的英语听力素材来设置相关的内容和问题。学生在进行听力学习和训练的过程中，能够根据自身已有的知识储备而形成与所听到的内容相关的各种图式信息，而这些信息可能是紧密围绕听力素材的内容，也可能是由于学习者自身的主观性因素而产生的较远的联系内容。这种情形导致中学英语听力教学活动的集中性与分散性相统一：一方面，教师需要根据教学内容进行专业的问题设置；另一方面，教师可以适度发散，保证所设置的相关听力问题及相关话题与听力素材之间保持适当的发散性和辐射性。

以上只是对如何提升听力能力进行了简单的概述，下面将从不同的侧面，更加深入地对此主题进行详细的阐述。

二、英语听力教学活动给我们的启示

（一）强调学生已有知识体系和架构的重要性

对于英语听力教学活动而言，学生在学习过程中，对英语听力内容的接受和学习需要充分调动起原有的知识内容。因此，在进行英语听力教学时，教师在课堂教学活动的设计上，应该专门留出思考的时间给学生，让其在听完一段听力材料之后能够有时间进行自我内在的知识整合和消化。学生已有知识体系在整个听力学习和提升过程中扮演着十分重要的角色，因此，教师在设置和选择听力材料的过程中，应充分考虑听力素材对之前所学英语听力知识的启发性，最好选择那种与之前学习的听力材料之间有对应性或者呼应性的英语材料作为开展英语听力教学的重要资源。

（二）充分认识学生接收新知识之后的心理过程和学习特点

学生在接收到新的知识之后往往通过联想、回忆等方式将新知识与旧知识进行重新黏合与思考。这种学习和接受过程决定了英语听力教学中十分重视整个学习过程的发散性。这种发散性不仅体现在听力素材的准备上，即听力素材内容与学生已有知识内容之间的联系性和呼应性，更加体现在听力材料可以经过特殊的处理和制作，将听力素材中的有用信息进行重新加工，以这种新旧知识之间的对应性和学生学习过程中的心理特点为基础，保证听力材料对学生知识加工和处理能力的训练。此外，学生在进行英语听力知识学习的过程中，需要结合自身已有的知识体系和结构，需要经过一段联想和思考消化的过程，因此，学生英语听力教学过程不应操之过急，而是应该坚持循序渐进的原则。毕竟，听力的练习过程是学生对流动的声音的捕捉和学习，这种过程是迅速的，但是这种能力的锻炼却是长期的，是需要以大量的练习为基础的。所以，循序渐进的教学原则才是真正符合学生接受新的知识内容之后的心理过程和学习特点的。

（三）英语听力教学应分阶段发挥既有知识体系的作用

既然对于学生英语听力学习过程而言，其既有的知识体系对整个学习过程有着重要影响，那么相应地，由于长久生活在汉语言国家，已有的汉语言思维习惯及知识很容易影响到学生对英语听力的学习。因此，英语听力教学活动要充分发挥学生已有知识体系的价值，且应该分阶段进行，留出充足的时间和空间帮助学生逐渐实现从汉语言知识系统和思维习惯向西方语言知识系统和思维习惯的转换。一般来说，这种转换过程往往分为三个阶段：一是既有汉语语言知识系统和思维习惯对学生英语听力教学内容的负面作用和冲击影响，使得学生无法顺利地进行这种思维的变化而影响到其对英语听力内容的正确理解；二是两种语言体系习惯及思维方式开始对学生的英语听力过程共同发挥作用，学生在接收到英语听力内容时开始有主观的想法和思考的能动性，但是在具体做出选择的环节往往会面临两种语系的困难和纠结；三是汉语言知识体系为英语听力过程服务的阶段。当英语听力教学过程成为学生学习英语知识的主要图式组成方式，那么学生既有的汉语语言知识将会成为一个重要的学习资源被挖掘和利用。语言是相通的，因为它们共同为人类的思维服务，共同为知识的学习助力，这也是在英语听力教学过程中得到应用的基础和前提。

三、当前英语听力教学中的应用分析

（一）制订引导图，帮助学生建立知识间的联系

学生对知识的吸收和消化过程的完成是以新旧知识之间的联系性为基础的，而这种知识间联系的建立是整个听力学习和教学过程的关键和主线。因此，在当前英语听力教学活动中，教师十分注重在正式的听力教学活动开始之前带领学生制订引导图。这种引导图是以所要听到的听力素材的内容为基础的，是对其核心或者大意的一种提示。借助这个引导图，学生可以在听到新的听力内容时有所准备，进而迅速建立起这种听力内容和知识与自己已有知识之间的联系。这种引导图的表现形式相对比较自由：一种是词汇式的，根据听力材料的具体内容提炼出其中出现的高频词汇或者核心词汇，并设置出核心词汇周边的相关词汇作为补充；另一种是问题式的，通过听力训练开始前的几个问题引导，能够帮助学生迅速找到已有知识体系中的相关内容，方便听力开始时新旧知识间联系的迅速建立。

（二）形成完整的学生英语听力教学模式

学生听力学习和提升的阶段性特征决定了英语听力教学模式的特殊性。学生在听力训练方面需要完成新旧知识的联系、完整图式的建立等工作，因此一般来说，学生英语听力教学模式一般分为三个部分：首先是听前导入部分，根据所要听的听力内容设置引导图，帮助学生做好充分的心理准备和知识准备。

其次是听后讨论阶段。听力内容与学生已有知识体系之间的联系往往因人而异。因此在听力结束之后，教师应组织学生进行必要的讨论，同学之间互相学习听力知识的联系内容和方式，丰富学生形成图式的过程和渠道。最后是学生听力能力的发展阶段。这一阶段的主要工作是引导学生在完成小组讨论活动之后进行积极的自我总结，分析自己在听力训练过程中产生的知识性联想，以及其他同学的联想活动带给自己的启发。这一过程其实是一个总结经验的过程，也是丰富自身知识性联想能力的过程。

（三）丰富英语听力教学的教学方式与方法

由于学生英语听力学习有着预期作用、加工作用及分辨作用三个主要作用，对英语听力教学也有着重视学生主体性与能动性、重视学生已有知识体系的价值及分阶段利用学生已有知识资源等重要启示，因此图式理论带给英语听力教学更多方法论的启示。一方面，在听力课堂上更加重视问题讨论。听力课堂不仅仅局限于对听力能力的训练，还应该注重提升学生对某一个具体问题的思考和讨论的能力。因此，通过对某一个与所要听的听力素材内容相关的问题的讨论，学生能够积极进行知识性的联想和思考，这就为接下来的听力活动打下了基础。更为重要的是，这种问题讨论习惯的养成对学生思维的缜密性等有着更加明显和重要的促进作用。另一方面，在训练学生听力能力的同时，注重学生总结对比思维习惯的养成。学生在进行听力学习时，需要将新接收的知识内容与已有的知识体系进行联系和联想，而这一过程本身就渗透着对比的思维。因此，将总结、对比的思维作为培养学生学习能力的工作重点，不仅能够促成学生更快地完成新旧知识的对比和黏合，而且更有利于学生在对立中发现统一、在普遍中发现特殊，锻炼其思辨的能力和眼光。

第二部分 听力教学技巧分析

一、改进策略及解决措施

（一）关注英语听力

"听在语言学习中扮演着很关键的角色，学生需要学习如何听，只有这样,他们才能更好地通过听来学习语言"。一些专家认为,听力技能的提高仍然是大学英语教学中的难点问题。听力课程不是可有可无的,而是一门必修课。我们要加大教学设备的投资,营造学习英语的浓厚氛围,让英语成为继母语后的一门必学语言,创造一切有利于学生学习的语言环境。教师要充分利用网络教学平台,为学生提供课堂教学与现代信息技术结合的自主学习路径和丰富的自主学习资源,促使学生从"被动学习"向"主动学习"转变。

(二)依照学生水平,分层次授课

依据苏联心理学家维果斯基的"较近发展区理论",要正确处理教学中的难与易、快与慢、多与少的关系,使教学内容和进度符合学生整体的较近发展区。教师应根据他们的较近发展区的特点,实施针对性教学。教师借助教学方法、手段,引导学生掌握新知识,形成技能、技巧。要实现这一目的,关键在于较近发展区域,因此,教学方法、手段应考虑较近发展区。以学科内容为依托的分科英语教学将语言学习与学科专业技能学习融为一体,而不是单纯的语言技能学习。分层次授课,既有利于教师对学生水平的详细掌握,又有利于学生依据自身水平,制订学习计划。相同或相似水平的同学之间进行交流,能增强学生的自信心,使学生对英语学习的兴趣更加浓厚。

(三)改进教学方法,提高教学效率

依据教学大纲规定:学生英语教学应遵循外语学习规律,根据教学内容的特点,充分考虑学生个体差异和学习风格,运用合适、有效的教学方法。教学方法的选择和使用要体现灵活性与适应性,目的是改进教学效果、提高学习效率。教师必须转变教学观念,摒弃传统的以语言技能为中心的教学模式,建构融合语言技能学习(learning language)、学科知识学习(learning through language)和语言知识学习(learning about language)的互相补充、互为支持的教学模式。从具体的授课方面进行展开:课前运用有趣的话题或故事引题,采取听、说、读、写相结合的模式,讲授听力方面的技巧,课内与课外相结合等方式,提高学生的听力水平和语言能力。学习一门外语,不仅是在学习一种新语言形式,也是在学习一种新思维方式,掌握一种认识世界的新视角,构建一种向外部世界表述中国文化、中国形象的话语体系。

二、学生多模态话语分析能力的构建

从多模态话语分析的综合框架,即文化层面、语境层面、意义层面、形式层面和媒体层面五个层面着手,结合听前、听时和听后的具体教学过程,探讨如何在听力教学活动中构建学习者的多模态话语分析能力。

(一)听前(Pre-listening)

随着国际交流的日益频繁,英语听力教材中的每一个单元都涉及英、美等国家的文化背景知识。相比较以往的听力教材,新的听力材料呈现出体裁更丰富、题材更多样的特点。这就要求教师在听力训练之前,尽可能地为学生搭建文化层面和语境层面的框架,而不仅仅局限于传授学生新的词汇和语法知识。强调文化层面是使多模态交际成为可能的关键层面,若没有这个层面,情景语境就没有解释能力。语言是文化的载体,文化对语言有制约作用。文化习得的意识和语言知识的传授具有同等重要的地位,应贯穿于听力教学的始终。交际同时还受到语境因素的制约,包括话语范围、话语基调、话语方式所决定的语境因素。学习者在听前,如果缺乏正确的指导和训练,对听力材料一无所知,必然会产生一定的心理障碍,较明显的表现就是学生由此而产生的焦虑感。传统观点认为,所有非语言符号只是语言的补充或者附加形式,不同模态的话语实际上都是为了体现讲话者的整体意义,模态和模态之间可以互为补充、互相强化。为帮助学生轻松愉快地进行听力活动,教师可选择与听力文件相关的歌曲、视频、诗歌或插图等多模态符号系统,充分利用多种模态的互补性,让学习者在轻松愉快的氛围中开始学习。除此之外,教师还应为学生梳理单词和背景知识,如"fat"一词的字面意思虽然是"胖的",但是却不能把"你吃得越多,就越胖"翻译成"The more you eat, the fatter you will be."。因为"fat"在描述人的时候,是贬义词,表示"肥胖"的意思,而恰当的说法应该为"The more you eat, the heavier you will be."。如果没有充分了解文化层面的意义建构,不顾及听话者的感受,说话者就会语出伤人,达不到良好的语言交际的目的。为更好地帮助学生搭建语境层面的框架,教师可以让学生从听前的多模态符号系统中,对听力材料进行预判,通过听力材料的题目或练习,由此及彼,猜测听力材料所要谈及的话题,调动语音、语法、词汇、知识面等知识体系,提高学生的多模态话语分析能力。为更加充分地调动学生的自主学习能力,教师也可以引导学生在听前自己预设听力题目，采取任务型教学法，明确听力任务，培养学生利用大脑图示、分析不同语篇特征、推断听力材料言内之意和言外之意的能力。

（二）听时（While-listening）

在成功构建文化层面和语境层面的听前（Pre-listening）活动中，学生对听力学习的兴趣得到了激发，感受到了新知识带来的喜悦，在拓展了词汇量的同时，树立了自信心，进而表现出用英语进行交际的强烈愿望，为教师在听时（While-listening）意义和形式层面的框架及听后（Post-listening）媒体层面的搭建打下了良好的基础。在意义和形式层面，意义的实现有很多种形式，如语言有语言语法，图像有视觉语法，听力有听觉语法。每一种模态都有自己的形式系统，而每一种系统又具有很大的主观性，因此需要授课教师用长时间、花大力气，帮助学生从单一的听力理解转换为记录或口述等多种模态，让学生充分了解听力材料的话语意义、概念意义、人际意义和谋篇意义，以及实现上述意义的不同形式系统。听的过程是信息的输入过程，听力练习结束后找到听力题目的正确答案并不是听力的最终目的，只有把输入的内容通过文字输出出来，完成师生之间和生生之间的交流，才能最终实现"输入—内化—输出"的听力过程。心理学关于人类认知的研究表明，人的各种感觉器官的功能、作用和表现虽然各不相同，但是都具有获得知识的功能。多种模态应协同发展，教师不仅需要介绍相应的听力技巧，帮助学生靠听觉获取并理解语篇的意义，还要引导学生掌握一定的速记方法和口头复述能力，把输入的信息转换成发音器官运动模态、文字模态，甚至图像模态输出出来。在模态转换的过程中，学生达到了视觉模态和听觉模态的高度统一，增强了语言语法的内化，有利于多模态话语分析能力、学生实践能力及创新意识的培养。因此，多种模态协同发展的英语听力教学模式应引起教学工作者的重视。构建学习者的多模态话语分析能力是听力教学中行之有效的方法之一。

（三）听后（Post-listening）

听后活动是把听前大脑预判和听时瞬间记忆转化为长时记忆的重要环节。从听力文件到大脑理解只是单模态或双模态的互动，不是听力教学的最终目的。学习者不仅要把前期通过多种模态获得的知识内化，还要通过文字记录或者口述出来，真正实现"输入—内化—输出"的全过程。与其他课程不同的是，听力教学的时效性很短，听时学生捕捉到的信息，如时间、地点、人物、事件及其他细节，在听后很快就容易遗忘。听者只有一次机会对信息进行处理，在有限的时间内把复杂的信息表达出来，因此需要教师从媒体层面入手，帮助学生构建多模态话语分析的框架。系统功能语言学认为，媒体层面是话语在物质世界的最终表现形式，由语言和非语言构成。媒体层面框架的构建可以借助于听时获取的静态资源，包括时间、场景、人物及其关系等，以及动态的资源，包括语音、语调、语速等，给学生以多模态的感官体验，建立多层次的联想，便于学生调动大脑皮层的瞬间记忆，排除信息提取困难的障碍。实践证明，大脑记忆东西与联想密切相关，联想越多，记忆越深刻。多模态教学在听力教学中可以起到强化记忆的作用。在听后教学活动中，教师可以采用听说、听写的教学手段，组织学生采用小组讨论、复述文章大意、撰写文章概要等纯语言和伴语言的形式；学生可以使用文字、绘画、图表、符号等非语言的多模态形式，以文本或超文本为载体，对听力文件进行还原甚至加工再创造，并充分利用面部表情、手势等身体性的形式，以及幻灯片、投影、实验室等非身体性的形式，充分实现同一篇听力材料的多模态整合，在构建多模态话语分析能力的同时，培养语用能力和交际意识。

其实英语听力中的材料很多都是以现实中的事件为原型进行材料加工的，所以总的来说，在英语听力材料的选择上总是围绕着几个知识点。所以，笔者就根据一些具体的试题来具体分析英语听力试题。

1. 地点与方向

地点类题目是听力考试中最容易得分的类型之一。和身份、地位类题目的做法一样，地点类题目的入手点依然是关键词。例如题中关键词是"stamp"（邮票），所以可以判断在邮局。这样看来，不论出题还是做题，关键词都很重要，所以近年来关键词的难度有所增加。对付课本中没有出现过的词，最好的方法就是平时的积累和注意这些词汇应用的场合，收集相关的场景词，例如"学校"："register"（注册）、"dorm"（宿舍）、"department"（系）、"campus"（校园）、"playground"（操场）、"dining-room"（餐厅）、"clinic"（校医院）、"swimming-pool"（游泳池）等，还应该了解一些课程名称。现在的听力考试还流行考方向类的题目，做这类题目有个诀窍，就是边听边在稿纸上画一些草图，帮助理解，最重要的还是细心。

2. 职业与身份

首先，应该看选项，如果看到如"father"和"son"（父亲和儿子），即可以判断是身份地位类题目。下一步就是要听关键词，抓住几个有代表性的，不必将句子全部听完，即可答题。在做题的同时，要听出说话者的语气、语调，从而准确判断出两者的关系。如两位学生之间的谈话内容无外乎是和他们相关的学校生活、学习内容、学习情况等，我们可以根据谈话双方的谈话内容的关键词进行答题。现在比较常考的场景词一般是医院、餐厅等，平时应注意这类词汇的积累。在做否定关系这类题目时，只需要听出否定词就可以判断句子是肯是否。英语中的否定意义并非都是通过我们熟知的"no""not""never"等进行表达的，很多情况下都是通过许多词、短语、句型等手段以肯定的形式表达出来。

第三部分　英语听力兴趣的培养

英语听力教学的目的是培养学生在听懂词、句的基础上对整个语篇进一步理解和掌握的能力，其教学方法和步骤都应为实现这一教学目的服务，最后达到交流的目的。目前对于初中学生来说，听力是英语学习中的重要环节。听力能力的高低，直接影响到学生语言知识的接收、语言基本技能训练及实际交流水平。同其他学科一样，兴趣是入门的向导，又是学习的动力之一。兴趣使人乐于接触、认识某事物，并愿意积极参与相应的活动，产生一种积极的意识倾向。

一、英语听力突破口

语音训练教学实践证明，通过加强语音语调教学，可以促进学生听力和其他语言技能的提高。听是人类学会语言的第一步。能听懂英语授课，是学生上英语课最基本的条件。听力技能是获取信息、获取语言营养的重要手段。听力水平直接影响到学生对英语知识的接受、基本技能的训练和英语交际能力的培养。语言能力是一种心理器官（mental organ），口语是它的外化形式，发音的好坏体现外化形式的美和丑。发音不好，特别是在课堂上练习口语，在同学和老师面前暴露自己的缺陷，会对自我形象构成威胁，导致学习者本能地筑起心理屏障，以沉默来应付发音学习，严重者甚至对整个外语学习产生排斥心理，阻止外语输入。这种由发音引起的心理反应可能造成外语学习动力和自信心的减退，形成学习上的恶性循环。作为人类交流思想的工具，讲和听是统一的，两者缺一不可。人们发出的音，其传递的过程就是接受（听）的过程。没有良好的语音基础，对单词只能把形和义联系起来，而不能把音和义联系起来，就会严重影响听力的提高。学好语音是进行听力训练的基础，对最终提高听力起着决定性作用。

1. 分析英语发音问题

许多语言学家认为，听懂一门外语主要涉及辨音和理解，前者包括音素辨别和意义辨别，如音素对比、连读、强读、弱读、省音等；后者包括对语调和语言信息要点的理解。连读与弱化问题常使得学生不能平滑而无间断地读出一个句子，如"won't go to London"会被听为"I want go to London"，学生会从"went hotel achieves"听出"stand"。对于学生来说，听力一开始听不懂的原因除了语音问题之外，更主要的是语调不适应。任何一句话，除了其表面意义之外，都具有语调意义，同一句话有时也可以表达出惊喜、愤怒、讽刺等不同的意义。而学生说出的英语往往是每个单词都重读；几乎一律降调，没有节奏变化，没有语调整体美感，更谈不上用语调表达意图、态度或是情感了。

2. 正音正调，帮助学生过好语音语调关

针对以上问题，新生入学后，我们不急于上听力课，而是用两周时间正音，从音标入手，使学生掌握连读、失爆、省音和同化等技巧，如重音、节奏及语调，为正式进行听力教学清除"拦路虎"。首先，将英美语音及乡音的差别具体地给予分析与讲解，然后示范标准发音，让学生聆听，初步分辨，再放录音，让他们边听边跟读模仿；同时老师监听学生发音，留意个别学生发音的不足或错误所在，以便给予纠正。有选择的单音训练和中肯的理论分析，可以使学生更自觉地控制发音器官，进而自我纠正发音错误，加速学习进程。音标是发音的最小单位。音标的准确发音，是词、句、文的读音正确的前提。所以一定要把英语中的48个音标发准，不能含糊，特别是元音。音标的发音很重要，但是不与单词的读音结合起来就会失去音标的意义，比如，字母"a"在"plan"和"plane"中的不同读音表达出这两个词的不同词义来。音标在单词中的读音是有规律可循的，比如，字母"a"在开音节中与闭音节中的读音是不一样的。对于元音字母、字母组合、辅音字母的读法，学生应先掌握，因为掌握读音规则有助于了解读音与拼写的关系，记起单词来就容易多了。对于连读、失爆、省音、同化，教师要先告诉学生理论，后听实例，紧接着进行操练，必要时进行规则总结。只孤立教授音素，忽视语句发音和语调的训练，见木不见林。因为表达思想的最小单位不是单音而是句子，影响人们交流思想时相互了解的主要因素是语调的好坏。语调形成非一日之功，先讲英美语调的特点、差异，再讲英美语调与汉语语调的不同，引导学生形成感性的认识。在每堂课中注意模仿，课后反复训练，掌握基本的语音规则是学好听力的基础。英语听力中的难点是如何训练学生对语音的识别能力。也就是说，第一步是如何做到一听就知道是什么词、什么词义，继而再训练一听就知道整句话是什么意思、句子的语法结构是什么。先训练学生学会听懂单词，再学会听懂句子，然后再学会听懂长篇报道的内容。最后是训练学生一次听懂的能力。其中最困难的是帮助学生培养对语音的识别能力。一是要把每个单词听出来；二是要准确地听懂生词的发音，并从词典中查到生词；三是积累背景知识，对于个别发音非常模糊的单词，也能凭语感准确地识别出来。

3. 初步收效，通过两周的强化训练及以后英语课堂上的有意识训练

特别是专门的听力课训练，使学生的英语发音趋于标准，慢慢地能听懂老师的全英授课，在课堂上积极用英语发言，参与交际活动。一学期后，他们能顺利完成考试中的听力部分，而且总体成绩良好，提高了进一步学好英语的信心。

二、提升听力的具体措施

1. 听力的技巧训练

这里面有很多和英语口语技巧训练相同的技巧点：单词间的连读技巧，单词末尾不发音的辅音技巧，助动词、介词等的弱读技巧等。掌握了这些口语技巧，学习者的听力自然也会有所突破。

2. 听力的精听训练

精听训练不需要听很多听力素材，而是要做到精听某一小段内容，可以反复听，每听一次，记录下来多听到的内容，直到可以完整地听懂整个小段的精确意思。在这里，向大家推荐一个精听训练方法：Bone Theory（"句子骨架"

理论及自我训练方法）。要真正地做到英语听力质的提高，必须能听懂一个个英语句子。而大部分英语学习者在听英语时，都是通过听懂某些词，或听懂大概，这样去听英语，即使听再多的英语，进步也不会大。"句子骨架"理论是由Faith率先在英语教学领域提出来的作为英语精听训练的技巧训练。它的训练思想是，要想听懂英语，必须听懂英语句子，而听懂英语句子的前提是听懂这个句子的谓语部分，即这个句子的骨架，那么听懂整个句子就会相当容易了。要训练自己轻易地听懂一个句子，必须培养自己对"句子骨架"的敏感度。下面是完完全全听懂一个句子的若干训练步骤。

步骤1：首先去听懂句子的谓语部分。为了听懂一个完整的英语句子，当进行听力练习时，你首先听到的或注意到的是一个句子的谓语部分。听懂了这个句子的谓语部分可以帮助你容易地听懂整个句子，否则听懂一个完整的句子将会比较困难。例如，在听"We've finished our homework"这个句子时，首先多听几遍，直到你能听懂这个句子的谓语部分，即"have finished"这部分，而这个谓语部分正是我们讲的这个句子的"bone"，也只有在听懂了这个句子的"bone"，即谓语部分后，你才有可能进一步听懂这个句子的其他部分，如主语部分、宾语部分等。

步骤2：听懂主语或宾语部分。在上面那个例句中，在这个步骤中，你应该听懂"We"这个主语。

步骤3：听懂其他部分。在上面那个例句中，你应该听懂"our homework"这个宾语。需要提醒大家注意的是：在每个步骤的具体训练中，为了能听懂某个部分，你需要反复听、不厌其烦地听，直到能听懂为止。通过这种"句子骨架"精听训练，你会在听英语时，对句子非常敏感，慢慢地，你听懂的都是一个个句子，而不是零碎的分散的某几个单词了。只要能听懂每一个句子，那么听懂一篇文章就易如反掌了。

3. 听力的泛听训练

这个训练过程可以放轻松，有两种方法，一是看着听力文章去听（听之前一定要看懂该篇文章），边看边听，可以反复很多遍；二是只听不看，比如说看一些英语电视节目、英语电影，或听一些英语电台节目。这个泛听训练要做到广，就是经常听，而且听一些多领域的内容。泛听如英语泛读一样，只求听着，不求甚解，只求量的增加与积累，不求听懂每个句子。就泛听来说，还可分为两种方法，方法一是当你在家吃晚饭时或做功课感到累时，就放些英语磁带，看看英语新闻，听听英语广播，让家庭充分浸润在英语氛围中，就像处在英语国家的语言环境中；方法二是以前每人准备一个 Walkman，再购置一些地地道道的英语磁带，而现在我们的一部手机就能全部解决。我特别推荐 Crazy English 听力，体裁多样，可听性强。还有很多可听的英文听力软件，比如，初级水平就可以选听 Eva 英语开口说的每天英语三分钟、和 Emily 一起练口语和 Pop your English 的口语天天练等；水平提升版的可以选听英文晨读、*China Daily* 的英语新闻，还有 Albert 说英闻、八点英语，或者原汁原味的英文演讲，这个还附有演讲稿，可以边听边审阅。如果是乘车或步行上学，或在小憩时，就可戴着耳机听英语，都不占用整块的学习时间，而是利用休息时间或零星时间，使自己尽可能增加"听"的输入量。听的量增加了，有些语言情景与单词短语反复听了，也很自然地慢慢听懂了，英语听的能力就自然提高了。泛听时也要注意力集中，让自己的思维跟上每一个音节。如果遇到新单词，不要停下来多想，因为有些单词可在整体内容中被理解；而有些生词并不影响理解意思，可以放过不管，因为停下来想的话反而会影响听下面的内容。听音时要随着录音材料的频率在大脑中用英语重复，而且速度要练得能跟上录音速度，不能边听边翻译，一般只要难度适中，能听清大部分单词，是可以理解其大意的。

4. 听力做题训练

可以找一些听力试题来做，这种训练对你在听力考试中拿到高分至关重要。在做听力试题时，也要求精，而不是求多，即反复做某题，直到能做对该听力试题，而不是做很多题。

第四部分 练好听力的方法

一、词汇量是基础

这个基础越是牢靠，听力提高越快。哪怕你对这个词印象不够深刻，只要你曾经背过，似曾相识，那么只要在听力练习中再遇到，很快就能混熟记牢。

对于如何提高单词量的问题，我们这里不展开讲，不过日常阅读（精读+泛读）和背单词肯定对听力提高有好处。

精听，就是拿一张纸、一支笔，听一句、写一句。听不懂，就把这句倒回来反复听，十遍，二十遍，在所不惜。最后实在听不懂的个中词句，根据发音和逻辑，猜也要猜一个答案出来。精听有效，但累人，需要注意以下四点。

第一，选的素材别太难，大概让自己能听懂一半就差不多了。

第二，精听素材可以丰富些，从新闻、脱口秀、演讲到电影片段都可以。

第三，素材篇幅别太长，一般在一分半钟以内，听写时间不要超过半小时。宁可每天十分钟，也不要一次七十分钟、一周听一次。

第四，听完以后要订正，要做笔记，将词语和句式记下来。有老师讲解很好，没有的话也要自己去查字典，之后有事没事拿出来反复看，方法很土，但效果很好。朗读是为了让词句入脑走心，可以把精听材料拿来读，注意要精听完以后再读，不然影响精听效果。

泛听不等于前面说的"磨耳朵"，泛听过程中要动脑子，尽可能听懂大意，但不要死抠字眼，即便有听不懂的也先跳过或者速记一笔，等回头再来查，不要让自己的理解过程被打乱。泛听一次时间可长可短，10~30分钟都行。建议可以用精听材料，这样语境和词汇会比较熟悉。比如，你如果追美剧，可以拿其中一部分做精听，剩下的做泛听，如美剧*Friends*、*Desperate Housewives*等。

如果有了一定基础，平常听力训练尽可能使用正常语速的版本。很多朋友一直用VOA Special，这样的材料进步的幅度不错。同样，选择听力的材料也要多样化，可以听英语新闻（比如在喜马拉雅FM上的英语新闻节目），在这里推荐两款App，一个是UK radios，另一个是Radios USA，一种是英式英语，另一种是美式英语，内容多样，新闻、文化、体育、娱乐、音乐、艺术不一而足。网络上还有英国议会辩论、美国的脱口秀，当中还有很多的纪录片，都是很好的训练材料。

单词量积累到一定程度时，需要利用听觉而非视觉激活自己单词的声音形象，否则就会出现能看懂、但是听不懂，或者是反应不过来的情况。单词声音形象的激活，笔者采用两种方式：一是多去看一些纪录片，或者可以尝试参加初中英语的级别考试，其中听力部分的强化针对训练还是非常有帮助的；二是可以采用朗读的方式来激活。

在单词与语法基本过关之后，听力的训练主要是为了提高我们大脑处理声音信息的速度。

听力训练可以按照强度分为几个维度：最强度的训练是听写，这个要求一定要有文本，因为可以对照自己是否听对了。听写主要训练的是两个能力，其一是连读、弱读、失去爆破等语音现象，其二是练习短时记忆。

听写训练的时候一定要注意：不能听一个词就按暂停，听一篇300字的文章要用1个小时，这显然没有训练到关键。要逐步减少暂停的次数，不求一次全部听准并且记录下来，但是反复几次之后，正确率能接近80%就差不多了。

次于听写训练强度的就是精听。精听也是需要动笔的，而且也可以反复做几遍，只不过精听动笔的时候是要记笔记，而不是逐词逐句记录。从这一点不难看出，精听主要训练的，除了速度以外，更重视的是对听力材料逻辑的把控。逻辑对于阅读和听力来讲都是非常重要的。这里的逻辑，并不是哲学层面的逻辑，不需要有严格的理论模式，而是指材料是如何展开观点的，如何组织论据的。因为一旦培养出逻辑能力，我们就可以半听半猜地去听了。于此，我们又可以总结出精听的一个训练要点：预测能力，即听完上半句可以猜下半句的能力。预测的能力可以帮助我们先于讲话者构建出一个语义场。这个语义场有可能正确，也有可能错误，但这都不重要，重要的是我们的听力节奏不是总慢讲话者半拍，这样也给我们的大脑赢得了信息处理的时间。精听之后，还可以增加一些复述的练习，这样可以同时锻炼口语的表达能力。

对于泛听还要提醒一点，很多同学在看美剧或者纪录片时，经常需要字幕，这个"拐杖"用顺手了就容易产生依赖感，自然就没有训练到听力应该训练的内容。如同学习游泳，一直戴着救生圈一样，那么一辈子也学不会。与其过去5年每次懊悔自己听力不好，不如痛下决心，甩开"拐棍"，练上一段时间。

对于听写、精听、泛听比例上的分配，初期需要在听写和精听上用力，在速度和预测能力上增加自己的听力内存。有了一定基础之后，要逐步过渡到泛听上，进入实战的阶段。

二、英文电影

在轻松、愉悦的学习环境中，人的学习积极性往往是比较高的，英语的学习也是如此。传统课堂的英语听力学习、练习是非常枯燥的，往往是老师不断地进行讲解，学生不断地进行练习，并且两节课连在一起上，学生往往会感到乏味、疲倦，产生注意力严重分散的情况。而好的英文电影具有故事性和教学意义，生动有趣的场面、情节可以极大地吸引学生的注意力，保证学生长时间地处于一个兴奋状态。在观看英文电影时，学生可以接收到许多的图像和声音信息，通过视觉活动不断地向大脑传输一些主题鲜明的形象，从而调动学生的兴趣，激发学生的求知欲，把被动的学习转变为主动的学习。例如，在刚开始观看英文电影时，由于听不懂，学生的注意力会集中在汉语字幕，这极大地影响了电影情节和画面的观看，促使学生在以后的过程中，慢慢地注意培养自己的听力，把注意力渐渐地转移到画面中。在这个过程中，学生的听力得到了潜移默化的提高，同时对于一些发音、语境都有了相应的了解，提高了英语交际能力。

三、摘选句子的最好来源

我们可以挑选配备中英两种字幕的影视作品，一边观赏，一边阅读中英字幕，一旦发现好句子，就按暂停键，把这些句子的中英版本都抄写下来。边观赏边摘写句子，有利于理解和记忆这些句子。这些句子灵活有趣，能够让学习者保持浓厚的学习兴趣。当然，非影视材料中也有许多精辟的句子，也可以用在口头表达当中，不过相对来说要文绉绉一些。无论源于何处的句子，都要强化背诵，做到脱口而出，这样做才能保证句子植根于脑海。大量背诵句子有利于增加词汇、理解语法结构、培养英语思维能力、增强语感和提高表达的流利程度。学习者若在脑海里储存了大量的句子，在会话实践中就可以不假思索地进行套用，或者在原文的基础上灵活改变个别单词后再表达。

四、复述是语言的再创作

复述分为两种，一种是读后复述，即把刚刚看过的文字材料进行再表达；另一种方法是听后复述，即把刚刚听到的内容进行再表达。复述练习的选材可以根据自己的爱好和水平来定。根据自己的能力，复述的篇幅可以逐步加大，从逐句复述、多句复述、逐段复述到长篇复述。复述的时候要用自己的话来进行语言再创作，可以使用近义词、相近句型等来替换原文中的语言要素，可以归纳原文大意，也可以在原文基础上做进一步的描述或者评论。总而言之，不要照本宣科，否则就变成了跟读或背诵，无创新而言。复述结束后要对照原文比较一下，寻找自己复述的内容和原文的差异，纠正存在的错误。复述时还要尽量避免犯以前犯过的错误。也可以在复述的时候给自己录音，录完之后再反复听自己的练习效果，让自己更好地提高注意力和记忆力，更方便寻找和纠正错误。

五、通过口译练习口语只需要练习汉译英

口译时要求忠实于原文，不能像复述那样自由发挥。口译方法之一：一边阅读汉语材料一边口译。选用的材料是英汉对照的英语读物。口译时，用卡片盖住读物的英语部分，看着汉语逐句口译，口译完一句就划开卡片对照一下相对应的英语原文。随着口译能力的不断增强，也可以一次性译两句或多句。口译结束后要做相对应的笔记，找出差异，利用词典和语法书解决相关的问题。口译方法之二：一边听汉语或者方言一边口译。比如，学习者可以一边看中文电视剧，一边把听到的内容口译成英语；也可以一边听方言广播节目一边口译。边听边译难度很大，很难做到每句都口译出来，因为不能奢望别人把话再说一遍，不过，学习就要不断接受挑战，尽可能多译，只要坚持，加上工具书的帮助，口语自然会进步。

六、口头作文是对某一个主题进行逻辑性的口头表达

口头作文的主题选材很宽泛。自言自语和自我介绍都是简单的口头作文。在日常生活中，一个人、一件事或一幅图画都可以成为口头作文的主题。各种英语考试的真题和模拟题里的书面作文题目也可以当成口头作文的主题来使用。学习者也可以自创主题。练习口头作文时，需要从比较容易的主题入手，然后主题难度逐渐增大。检查口头作文效果的方法有两种：第一，一边说一边录音，录音完毕后还要反复听自己的录音，如果发现错误就要进行口头改正；第二，口头作文结束后，也可以把说的内容以书面作文的形式写出来，写作会促使学习者注意英语词法及语法使用的准确性，也容易帮助学习者发现和改正错误。自我检查完毕后，也可以请高人检查相关内容，有高人指点迷津比自我摸索的效果更好。

现在在英语学习中，听力占很大一部分，口语是听力的延伸。听和说是吸

收和理解口头信息的重要手段，是学习和运用英语的重要能力之一。在英语学习中，可以借助听觉，大量、快速地复习学过的单词和词组，并在此基础上扩大知识面，更多地掌握同一词的不同用法，提高阅读速度与理解能力。听力理解是英语学习的重要技能，也是英语教学中的重要环节。听、说可以使学生接触到英语语言的不同变体和口音，获取各种信息，是使用语言交流的重要条件。

参考文献：

［1］黄建玲.听力策略的选择使用与制约因素［J］.山东农业大学学报（社会科学版），2004（3）.

［2］武彦君.听力策略在英语专业听力教学中的运用研究［J］.内蒙古农业大学学报（社会科学版），2009（4）.

基于培养学生核心素养的英语阅读课教学设计探讨

许玮

近年来,发展学生核心素养逐渐成为基础教育界最令人瞩目的热点话题。从"双基"到"三维目标"再到"四维核心素养",中国基础教育界正经历着巨大的改革。核心素养究竟是什么?如何落实在未来的初中英语课堂上?初中英语学科的核心素养包括语言能力、思维品质、文化意识和学习能力。英语学习是学生主动建构意义的过程,而在这一过程中,学生以主题意义探究为目的,以语篇为载体,在理解与表达的语言实践活动中,融合知识学习和技能发展,通过感知、预测、获取、分析、概括、比较、评价、创新等思维活动,建构结构化知识,在分析问题和解决问题的过程中,发展思维品质,形成文化理解,学会学习,塑造正确的人生观和价值观,促进英语学科素养的形成与发展。英语教学作为教育的一部分,也应以此为目标。因此,基于培养学生核心素养的英语教学课堂设计便至关重要。只有通过恰当的教学活动设计,以语言为载体,达到思想上的交流,才能达成教育、教学目标。

以阅读课教学为例,核心素养可分为三个层次:一是对文本符号进行意义的解码和建构,即学生搜集、理解基础信息。这一阶段是基础,支撑学生阅读能力发展的素养是语言知识。二是通过推理来理解语言背后的真实意义。学生需要做出思维判断,从作者说话的立场出发来推理话语中真实表达的意义。这一阶段支撑学生阅读能力发展的素养是思维技能。思维技能具体表现为归类能力、序列感培养、逻辑关系和因果关系分析等。三是通过思维判断文本阅读中真正有效的信息。学生需要将信息与自身认知结构相关联，进行思维理解。这一阶段支撑学生阅读能力发展的素养是社会常识。比如，笔者在教学人教版初中三年级英语Unit 7阅读课时，因为本单元的核心话题为"规则"，Section A以母亲对女儿提出的要求展开话题"规则"，同时引入单元核心语法情态动词的被动语态，接着针对上面的规则提出自己的看法。笔者针对Section A以母亲对女儿提出的要求展开话题"规则"，学生在学完之后，并没有像以往那样要求他们背诵，而是以情景表演再现的方式描绘了在孩子成长过程中，母亲对孩子呵护关爱和教导的细节，并让学生在朗诵环节加上自己的理解和感情以产生极强的代入感。在渗透、巩固单元语法重点情态动词的被动语态的同时，更侧重于利用细节的刻画引发学生思考，潜移默化地对青少年进行情感教育，让学生学会理解父母对子女的关爱和教导。学生在前面Unit 5、Unit 6两个单元已经学习了动词的被动语态，在七、八年级阶段也学习了情态动词的基本用法，这些都为本课时阅读文章中出现的情态动词被动语态的理解做好了充分准备。在之后的Reading阅读课中，依然是对学生进行以上几个阅读技能的训练。学生还是有一定的基础的，但难点在于对截然不同的两种态度的理解，是支持中学生培养爱好还是支持以学习为重？为什么？所以，笔者认为本课时的教学应在课程标准及对学生核心素养的培养理念指导下展开，针对教材内容，结合课程标准和我们两个班学生的学情，笔者设定了如下三个目标：通过小组合作跳读文本，能总结出文段的段落结构及主旨大意；通过独立寻读、跳读，以及细节阅读等阅读策略，依然是对学生进行以上几个阅读技能的训练；通过分组，形成辩论赛，在辩论中让学生加深理解，使其应用英语思维进行思考。这个环节设计需要学生将信息与自身认知结构相关联，并进行思维理解。

例如，当教学目标是"如何介绍一个人""This is _____. He is my father. He is a driver."时，教师需要注意的是，在教学过程中，教学目标不只是让学生学会"this is"的句型或者"he"和"she"的语法区分，而是介绍一个人时的思维框架序列——这个人的名字、与我的关系及社会形象。如果延伸到文化角度，在中国介绍一个人时的思维框架序列一般是相反的——先介绍社会形象，再是与我的关系，最后才是姓名。这个过程便是教授学生语言知识和社会常识。

由此可见，我们教师在未来的英语课堂教学实践中如何将语言交流目标、思维认知目标和社会文化目标有机地融合在一个教学活动中，将是我们落实英语核心素养培养的关键所在。

初中英语阅读模式及策略初探

王淑蓉

英语阅读是学习英语的重要途径，也是英语教学的重要组成部分，更是语言输入的主要来源之一。

一、阅读的定义

郭砚冰认为，阅读是一种人类社会中不可缺少的认知活动，是人类汲取知识的重要手段和认识周围世界的途径之一，是学习所有学科的基础，也是学习英语的重要途径。图式理论认为，阅读过程就是把已有的认知图式与文本信息交互作用和意义建构的过程。朱纯则指出，英语阅读要求学习者凭借自己的阅读能力，探究作者通过语言符号表达的真实意图，使这些符号变得有意义化，从而才能达到与作者进行思想上的沟通。吕良环认为，阅读是一种心理过程，它要求读者根据已有的语言知识和背景知识，凭借相关学习策略，对书面文字符号从感知层面上升到深加工，逐步理解作者的思想和情感。

近年来，国内对阅读的定义也有权威的解释：阅读是运用语言文字来获取信息，认识世界，发展思维，并获得审美体验的活动。它是从视觉材料中获取信息的过程。视觉材料主要是文字和图片，也包括符号、公式、图表等。阅读亦是一种主动的过程，是由阅读者根据不同的目的加以调节控制的，可以陶冶人们的情操，提升自我修养。阅读是一种理解、领悟、吸收、鉴赏、评价和探究文章的思维过程。我国学者汤艳指出，阅读是一种个性化交流活动，读者需要通过个体化、隐秘性的思维判断，同书面文字里最小的语素到最大的篇章进行交流。阅读的个性化性质决定了阅读不仅是获取字面信息，还是一个综合了心理和物理因素的复杂过程。心理学家朱曼殊则认为，阅读是通过辨认和理解文字符号，并将其转换为有意义的信息输入的能力；阅读不仅仅是把已经理解了的字词的意义组合到一起，而是需要广泛的知识去理解一整段话语意义的过程。

通过以上对阅读的定义可以看出，学者们主要通过意义建构图示理论学、心理学，以及解码的过程对阅读进行定义。笔者认为，阅读是一种综合了语言与思维的活动，它是读者凭借已有的背景知识、语言技能和思维能力，将文字性语篇作为媒介来进行积极互动交流，根据文章的主题展开有意义且富有创造性的建构过程。作者通过文字来传递其所要表达的信息，而读者则借用文字来提取有效信息并且进行深层次加工。在此过程中，读者的阅读行为并不是被动的机械行为，而是积极主动的。阅读是一种综合型行为，涉及一系列复杂的生理和心理因素。

与此同时，笔者认为中国文化和英美文化之间存在诸多的差异，即在思维方式、风俗习惯、价值取向、社会规范等方面有许多的不同。阅读再现文字描述的形象，需要熟悉和丰富所学语言国家的文化知识背景、有关的科学知识和社会生活经验。学生只有以丰富的知识和社会经验做支持，才能充分利用其表象进行联想推理思维，才能理解所读内容。

二、阅读模式

1. "自下而上"模式（Bottom-up Model）

"自下而上"模式最早是由美国心理学家 Gough 于 20 世纪 60 年代提出的。该模式认为，阅读首先是对文章的识别，阅读也因此被定义为解码的过程。也就是说，读者对文章的理解是由单词到短语、由短语到句子、由句子到语篇逐渐辨认解码，不断进行信息组合，综合运用一切语言数据，逐步弄懂短语、句子直至段落篇章的意义，信息处理是自下而上直线进行的。该模式强调影响学生理解的最主要的因素是构成文章的字母、单词、短语、语法、句法。该模式的优点在于有助于学生学习语音、词汇和句法等方面的内容，但是学生过分关注词汇意义，不利于学生主动从语篇之外提取有关信息并进行加工处理，不利于学生阅读能力的提高。

2. "自上而下"模式（Top-down Model）

"自上而下"模式是一种跟"自下而上"模式相反的阅读模式。美国心理学家 Goodman 认为，阅读好比是一种心理语言层面的猜谜游戏。该模式对阅读语篇进行整体理解，用语境来猜测生疏的项目。阅读者不必逐句解码，而是在语言知识和背景知识的参与下对信息进行重新加工或构建，参与读者与作者相互交流的过程。这种模式强调从整体上理解篇章，有利于激发学习者根据已有经验积极思考，可以引导学习者运用快速阅读和猜测的方法培养快速阅读能力。但是，这种模式容易导致学生在语言基础知识方面的缺失，造成语言基本功的不扎实，不利于英语综合运用能力的发展。

3. 交互模式（The Interactive Model）

无论是"自下而上"模式还是"自上而下"模式，都各有利弊。基于对以上两种模式的研究，D. Rumelhart 提出了交互模式。他认为，阅读者由于经历不同、文化背景不同、受教育程度不同、知识结构不同等因素，看待同一事物的观点、表达同一概念的方式也会不同。交互模式不仅是对文章的识别，而且需要了解相关的历史文化知识。阅读是一个解码的过程，是一个猜测的过程，也是语言交互作用的过程，二者之间相互补偿，是读者与作者的交互，是读者与文章的交互。交互模式强调的是阅读者的知识背景同阅读内容之间相互作用的过程，即读者根据自己原有的背景知识对阅读内容进行重新组织和表达新信息。因此，交互模式是在汲取"自下而上"模式和"自上而下"模式的精华的基础上弥补了二者之不足，是一种相对比较理想的阅读模式。

综上所述，以上三种模式中，"自下而上"阅读模式过分注重词汇、短语等语言知识层面的信息，不利于从整体意义上把握作者意图，忽视了阅读信息的加工和再生成能力；"自上而下"模式过分强调学习者用原有知识和经验不断内化生成对阅读理解产生的影响，不利于培养学习者的英语基本功；而交互模式摒弃前二者的缺点，综合其优点，取其精华，更有利于学习者阅读能力的提高。

三、阅读策略

不同的阅读者在阅读同一材料时，眼睛移动的速度、注视间的距离及回视的频度的差异，表明他们有不同的阅读速度和技能。董军认为，现行英语阅读中比较通用的方法有以下几类。

（1）带着问题阅读。这是提高阅读能力的关键，让学生先读阅读文章提出的问题，然后带着问题去思考和查找问题答案，从而达到事半功倍的效果。

（2）找关键句阅读。每篇文章或章节的首段和末段具有特殊的重要意义，是整篇文章的关键句所在，因为作者会在首段里陈述他的写作意图，也可能会在末段里对整章节做出总结。

（3）搜寻式跳读。跳读的目的是要从文章中查阅到所需要的某些特定的信息，要采取竖视视向阅读，对于每行的内容只读关键词，抓住中心点。一般关键词是指主语、宾语、文章标题、粗体字、黑体字、大写字、斜体字、画线部分等。

（4）意群式阅读。意群式阅读法是指以意群而不是以单词为最小阅读单位的一种快速阅读方法。它不仅可以提高阅读速度，而且有利于句子的整体理解，避免逐词阅读、逐词理解。

（5）推理式阅读。推理式阅读即深层理解文章，这是在理解课文大意和具体事实后，学生运用已有的知识、生活经验及上下文之间关系对课文信息进行逻辑推理和分析判断，从而准确地理解文章的主题及作者的意图，以识别作者的态度是赞成还是反对，是同情还是厌恶或中立。

因此，英语阅读是学习英语的重要途径，也是英语教学的重要组成部分，更是语言输入的主要来源之一。英语阅读教学在扩大学生词汇、提高学生学习兴趣、培养学生运用英语能力等方面具有重要作用。英语阅读教学要求学生能充分运用已熟悉的知识，对阅读材料进行感知、分析、综合、判断、推理，从而达到一定的理解程度。因此，在学习英语的四项技能中，阅读一直起着主导作用。

参考文献：

[1] 闵婕.思维导图在高中英语阅读教学中的应用研究[D].聊城：聊城大学外国语学院，2017.

[2] 郭砚冰.厦门市中学英语教师专业标准及解读[M].厦门：鹭江出版社，2016.

[3] 伍洁萍.关于初中英语阅读教学的研究[J].考试周刊，2015（16）.

[4] 马奕晟.英语阅读模式初探[J].语数外学习：英语教育，2013（9）.

[5] 董军.浅谈初中英语阅读教学策略与技巧[J].科教文汇，2012（4）.

[6] 程晓堂，郑敏.英语学习策略[M].北京：外语教学与研究出版社，2002.

刍议分层教学模式在初中英语阅读教学中的应用

许 蓉

伴随着社会前进的步伐，教育界各门学科的课堂教学改革正在如火如荼地进行，为各学科的课堂教学注入新的生命力量，促使课堂教学效果的全面提高。但是在实际的初中英语阅读课堂教学中，存在的问题仍旧不胜枚举，尤其是在阅读教学中，各种状况层出不穷，不仅阻碍学生创新思维的发展，更使课堂教学的方方面面无法顺利地开展和实施，所以应变革陈旧、落后的教学模式，采取有效的教学举措，应用分层教学，注重学生个性化的发展，彰显学生的个体优势，把握分层教学的实质，有的放矢地安排和设计各种分层教学活动，吸引学生的注意力，充分调动学生参与阅读的主动性和自觉性，以全面提高初中英语阅读教学的实效性。本文从初中英语阅读教学的实际情况入手，就如何实施和应用分层教学，提出如下几点看法和拙见。

一、采用科学的分层模式，突出学生的主体地位

分层教学模式的实质是以突出学生的主体地位为主旨。只有在课堂教学实践中，教育者真正全面地了解学生、分析学生，引导学生进行自主的探究，对全体学生都给予必要的关心和呵护，才能让学生的主体优势得到全面的发挥和施展。为此，初中英语教师在阅读课堂教学中，应实施多元化的分层教学模式，不能带有偏见地对待学生，更不能以成绩来衡量学生，要把握分层教学的艺术性，熟练地运用英语教材中的阅读资料，营造良好的阅读氛围，开展有计划、有目的性的阅读活动，消除学生对阅读的恐惧心理，提高学生主动阅读的自信心，促使学生的阅读能力得到全面提高。比如，在引领学生学习"Do you want to watch a game show?"这一单元的教学内容时,教师可以逐层分析其教学的重难点,可以让学生观看图文,进行课文的阅读,然后把学生引入"谈论电视节目"的语境中,与此同时,要让学生在阅读完文本后,学会运用英语口语表达各种电视节目,再让学生学会怎样用英语表达对不同电视节目及事物的喜恶。教师可以给不同层次的学生安排不同的学习任务,提高学生英语口语表达能力,促使全体学生积极地参与教学活动,注重合作、交流,从而培养学生的综合语言运用能力。

二、设计分层提问的方式,尊重学生的个性差异

课堂上问题的提出和设置,是多种多样、丰富多彩的,更是环环相扣、层次清晰的。只有这样的问题,才能满足不同层次学生对所学内容的需求,促使所有学生都能有所突破、有所提高。因此,初中英语教师在开展阅读教学的过程中,以尊重学生为前提,设计出不同层次的课堂问题,深入地挖掘学生解决问题的热情,彻底打破常规的教学模式,勇于创新,促使全体学生都能参与到课堂之中,让学生逐步地理解阅读文本的实质,帮助学生掌握一定的阅读技巧,以提高学生的阅读素养。比如,针对"Will people have robots?"这一单元的教学内容,教师应紧紧围绕"谈论问题"及"提出建议"两个话题开展教学活动,同时结合相应的教学内容设计出语言背景,引发学生思考和探究。为突出教学的重难点,教师在提问时,需要坚持因生而异的教学宗旨,对于基础较差的学生,提出的问题是"找出一般将来时态的意义和结构";对于英语能力稍微好一点的学生,可以提问"There be句型的一般将来时态的结构";而对于理解能力、阅读能力好的学生,提出的问题是"掌握more/fewer, more/less的用法,以及情态动词will+动词原形来表达一般将来时态"。采用这种界限明确、目标清楚的分层提问方式,不仅可以促使每位学生都能找到自己的发展方向,更能使学生体会到正确回答问题之后的喜悦。

三、恰当地引入课外阅读模式,彰显学生的独特个性

《英语新课程标准》对各门学科所提出的要求基本上是一致的,在实施和开展分层教学模式的过程中,不仅注重学生对基础知识的掌握情况,更加侧重于学生对课外知识运用能力的培养,只有实现课内外知识的密切结合,学生的

思维才会真正活跃起来，学生独特的个性和才智才能得到充分的展示。为此，初中英语教师应深入学生中间，切实了解学生对英语知识的掌握程度，鉴于学生的英语阅读能力和心理状况，根据每个层次的学生的实际需要，选择不同的课外阅读资料，同时对不同层次的学生提出不同的阅读要求，以凸显出每位学生与众不同的优势和特长，促使学生主动阅读的信心和勇气的增强。比如，在教学"I'm more outgoing than my sister"这节课的知识时，教师不仅要密切关注学生对本节知识的掌握和学习情况，还要通过不同途径引入关于《我比我妹妹更外向》的课外书籍，引导学生深入地理解本文的主旨，实现课内、课外资料的有效结合。在此过程中，处于第一层次的学生仅需要背诵课中的最后一段，而对课外的文本，能够通读一遍即可；位于第二层次的学生，不仅要学会读、能背诵，还要深入地了解课外文本的故事内涵；第三层次的学生，需要通过阅读课内外文本，了解事件中心人物的基本资料、是干什么的、心理状况大致是怎样的等。这样的阅读方式，不仅层次分明，而且能有效地锻炼学生的思维能力，增强学生的情感体验，最终促使分层教学模式效果的提高。

四、采用多元化的作业形式，提升不同水平学生的素质

目前受《英语课程标准》的影响，教学形式、教学模式越来越新颖独特，深深地吸引着学生的目光，促使学生学习效率和质量的提高，而在这其中，最为有效的手段就是多元化作业形式的设计。初中英语教师巧妙地渗透分层教学理念，可以结合学生所阅读文本，从整体上把握作业的形式和内容，对作业进行多元化的设计，突出作业设计的创新性特点，引导学生主动地完成英语阅读作业，以巩固学生对阅读文本中词汇、词组、句型的掌握，强化学生对英语基础知识的识记，提高学生的英语阅读水平，促使不同层次的学生都能得到发展和进步。比如，在设计"Where did you go on vacation？"这节课的作业时，教师可以根据本班学生的实际情况，在学生阅读完文本后，由易到难设计不同的作业内容，充分体现作业内容的层次性。而在设计作业形式时，可让学生结合自己旅游的经历，用英语写一段小短文，也可以让学生把旅游中的所见所闻以英语口语的形式表达出来。对于英语表达能力不太理想的学生，教师可以引导其根据课本内容进行仿写，以增强课堂教学的灵活性，区别对待每一位学生，促进学生整体素质的提高。

总而言之，分层教学模式已经在初中英语阅读教学中占有举足轻重的位置，被广泛地应用于阅读教学的各个方面、各个环节，并释放出无比亮丽的光芒和色彩。初中英语教师应认真分析上述文本中所提到的阅读课堂教学的现状，把握不同形式的分层教学模式，切实改变当前阅读教学中存在的各种问题，实施有效的教学策略，促使师生之间交流与沟通，充分发挥分层教学模式在阅读教学中的优势，尽最大可能地提高学生的英语阅读水平和能力，进而提升学生的英语素养和智慧。

参考文献：

[1] 马慧欣.融合显隐分层，激发学习动力——初探初中英语阅读课堂中的分层教学[J].中学教学参考，2015（09）.

[2] 周丽华.分层教学模式在初中英语阅读课堂中的应用探究.广西教育，2016（06）.

[3] 刘金龙.隐性分层教学在初中英语阅读课堂教学中的尝试[J].中学英语之友，2017（14）.

初中英语阅读教学策略简析

陈 菲

阅读是英语教学中极为重要的部分，是全面提升学生听、说、读、写能力的核心所在，也是学生提升自身文化水平和英语理解能力的必要前提。随着我国日益开始完善现代化英语教学理念，不断强调贯彻落实《义务教育英语课程标准》的理念，逐步形成高质量的教学体系，以培养学生的英语学科核心素养和自主学习能力，实现进一步满足学生更高阶段的英语学习，并且引导学生通过阅读建立更为完善的英语应用能力和知识体系，塑造具有比较优势的高素质英语人才。在新时代高质量发展理念的引导下，英语教师需要积极探索有效的英语阅读教学策略，指导学生以阅读为导入，汲取英语等各类文化知识，并且不断扩充自身词汇量及语法等知识，将英语阅读作为学生融合世界文化和与世界沟通的智慧之门。基于此，本文从笔者多年的英语教学经验出发，对初中英语阅读教学方法进行了比较和分析。

一、合理设计导入，激发学生阅读兴趣

教师要重视对学生兴趣爱好的培养与激发。实践证明，一切与学习有关的内容都与兴趣相关，可以说兴趣是开启学习阅读旅程的钥匙，激起学生内心对英语的热情和渴望。因此，通过兴趣引导学生阅读并爱上阅读，启发学生主动思考、理解和接受通过阅读获取的知识，进一步使学生快乐而主动地阅读，在知识的海洋中积极探索英语文化，形成从兴趣培养到阅读能力的提升，再从阅读到兴趣培养这样的过程，体会到通过阅读不断提升自身英语水平的成功和喜悦之感。

二、借助文本阅读，扩充学生词汇、语法

阅读文本中包含众多知识点，如词汇、语法、修辞等，而且阅读是一个输入知识的过程。阅读就如同在与作者进行思想交流，因此阅读也是提升学生英语思维和综合能力的过程。教师在指导学生学习阅读时，要注意引导学生积累词汇和语法等，特别是名词、英语时态和短语搭配。学生如果无法掌握这些常用词汇，那么必然会导致阅读的信息残缺不全。因此，通过阅读积累词汇和语法是有效提升学生英语水平的必要策略，既能够培养学生的英语学科核心素养，也能够提升学生的英语表达能力，培养学生的英语思维，同时有效提升学生的阅读能力。

三、培养阅读习惯，增强学生英语语感

在指导学生进行阅读的过程中，教师的教学重点在于通过阅读提升学生的阅读能力并不断增强学生的英语语感，进一步提升学生的阅读能力，使学生更加清晰地理解文本内容、领会作者意图，并通过表层信息挖掘出背后的深层含义，对其英语阅读训练具有很大帮助，促进学生在阅读过程中不断增强自身的语感和思想深度。阅读是学生增强自身英语语感的前提，而进一步培养语感才是英语阅读的延伸和目标，因此是一种正向关系，也是相辅相成且循环往复的过程。通过阅读并分析这样的长难句可以提高学生的阅读速度和语感，最终促进学生综合提升阅读等英语表达能力。因为阅读是一个积极主动地思考、理解和接受信息的过程，是一种复杂的智力活动过程，所以阅读不仅是培养学生英语语感的重要方法，也是使学生思维得到提升的重要过程。英语语感的建立能有效提升英语表达能力，所以学生在阅读的过程中应该保持难易结合的阅读模式，不断培养自身的英语思维。笔者在带领学生阅读课文后，也会及时提醒学生反复思考课文分为几部分、有什么值得学习的语法和短语等，进一步促进学生增强语感，也为学生保持长期阅读习惯奠定基础。

四、巧妙设置任务，指导学生阅读技巧

阅读是一个系统的过程，高效且高质量的阅读需要一定的技巧，如泛读、精读、笔记等。泛读是指通过大量阅读获取更多的知识，重在量而不是质，是

一种提升学生阅读速度的方法，通过进行大量阅读，在潜移默化中培养英语思维。精读是指导学生仔细阅读并且学习阅读材料中的思想和语法等内容，是一种高质量阅读方法。阅读后要尽可能牢记书中的信息，及时做笔记，如同手术刀一样解剖书中的语法、词汇、短语等知识点，分析句与句、段与段之间的关联，不断巩固阅读的英语知识，为提升其他英语能力打下基础。

学生带着任务进行泛读时，可以快速略过这些信息，观其大略，但要及时记录下来。随后在进行精读时，学生要尽量理解前期泛读时遇到的各种信息，并及时将这些信息用不同颜色的笔加以标记。同时，教师根据学生完成阅读任务的情况适时给予指导。这样做的目的是不断指导学生在阅读过程中掌握正确的阅读方法和技巧，同时在阅读时不断巩固这样的习惯，引导学生及时总结阅读经验并逐步完善自身的阅读技巧。

综上所述，学习策略是灵活多样的，而策略的使用因人、因时、因地、因事而异。在英语教学中，教师要有意识地帮助学生形成适合自己的阅读策略，并不断调整自己的阅读策略。作为初中英语教师，我们需要不断优化阅读教学策略，重点关注如何能以阅读培养学生学习英语，激发学生的学习兴趣，不断提高学生的英语阅读能力，使其养成良好的阅读习惯。

参考文献：

[1] 刘建林.初中英语阅读教学探索[N].发展导报，2017-10-20（035）.

[2] 钱素玲.浅谈初中英语阅读教学策略[J].文化创新比较研究，2017，1（28）：120，122.

[3] 张军霞.谈初中英语中阅读教学的开展策略[J].学周刊，2017（29）：145-146.

[4] 蒋美娟.基于语境理论下的初中英语阅读教学研究[J].教育现代化，2017，4（38）：323-324.

[5] 中华人民共和国教育部.义务教育英语课程标准（2011版）[M].北京：北京师范大学出版社，2012.

构建初中英语阅读与写作相整合的课堂模式的探讨

许 玮

英语阅读与写作教学的整合，是指先对学生进行阅读理解的教学，并将其作为写作的基础，马上进行同步的写作教学，从而达到阅读教学与写作教学的联动，促进学生英语综合能力的提高。

一、为什么要将阅读与写作课整合教学

《英语课程标准》明确指出，当前初中英语教学应将听力、口语、阅读、写作集中至一起开展教学，从而提升学生英语综合能力。阅读是写作的基础和前提，是写作素材和表达方式的源泉；写作是阅读的一种延伸和深化，是一种语言的综合运用（即语言的输出）。对此，英语教师在教学中应善于将阅读和写作相结合，从而真正提高英语教学效率和教学质量。具体地说，就是通过语篇分析培养学生建构篇章的能力，通过写作层次的训练培养学生的写作能力，提高学生的写作技能。

二、如何构建阅读与写作相整合的课堂模式

人教版初中英语新教材中每个单元里基本都有阅读材料，信息密度高，语言知识丰富，并且与话题写作有着紧密的关联，它们不仅是教的蓝本、读的范文，而且是写作的样本。笔者在日常的初中英语教学中，依托教材中的阅读文本，实施英语写作教学训练，让学生在复习话题知识的同时，学会整合内容的

方法。下面笔者以七年级第九单元Section B 2b～3b为课例进行讲解。

1. 复习旧知，引入新课

因为和学生是第一次见面，笔者用他们刚刚学过的知识进入新课，有助于快速拉近师生间的距离，消除学生顾虑，从而使学生了解本课内容并不是很难，而是基于旧知基础上的。在初中英语教学中，首先需要将学生引入特定的教学氛围当中。教师只有创设一个趣味性强的情境教学模式，才能不断地激发学生对英语学习的兴趣，从而产生英语学习动机。

2. 阅读前的热身运动

将课文中出现的重点句型"I have math on Monday."变成"chant"形式，用朗朗上口的歌谣活跃了课堂气氛，第二遍又将"chant"落实到个人，每人说一句，交换句型中的学科和时间，而其他学生帮助打拍子。让大部分学生参与了，就是让他们过过嘴瘾、"顺顺嘴"，为接下来的阅读扫除障碍。

3. 阅读与写作课课堂模式

（1）阅读课模式采用读前、读中、读后，并且通过各种形式渗透了阅读策略：Skimming——要求学生找出主题句，把握作者的谋篇布局思路，从整体上把握其结构。所有的主题句几乎全部位于段首，开门见山，言简意赅。特别要提醒学生注意文章是如何开篇、怎样结束的，并找出各段之间的过渡技巧，通过剖析文本结构的训练，让学生掌握同类文章的写作格局，学会编写写作提纲。

Scanning——以小组讨论的方式带着问题直接跳过文章一些部分，有针对性的任务型阅读能帮助学生快速获取信息。

Careful reading——抓细节，研读课文。

（2）学生对于老师布置的与读有关的作业，如果在缺乏监督的情况下，一般完成得不好，因此多利用课堂时间进行阅读训练就很有必要，也有利于学生的全面发展。在这一节课里，笔者尽量让学生用各种方式去读，有听读，老师范读、学生跟读，小组合作读，默读，学生展读，等等，至少达到了五遍。量到了，质就变了，无论是后面的复述，还是写作，都是一个水到渠成的语言输出过程。

（3）文本出现的英语句型，它是学习者学到地道英语的最有效途径。笔者在处理这些语言点时并没有过多强调，而是有目的地将语法项目通过写作活动展示给学生，使他们融会贯通语言点，力求写出句式多变的文章。

（4）写作环节先让学生完成了复述任务，提出了写作格式、要求，提供了写作需要的句型结构，用板书一封信的方式总结了写作框架。以小组为单位，一人执笔，其他人补充，最后与全班分享。

4. 课后反思

（1）评课反馈

① 本节课容量大，重难点巩固到位。

② 学生素质好，训练有素，张弛有度，活泼有序，体现出师生良好的风范。

③ 注重阅读策略的渗透，有不同形式的阅读，真正体现了阅读课的本质，让学生有充分的时间去阅读，为学生的语言输出做了良好的铺垫。

④ 在阅读教学中兼顾写作指导。

⑤ 板书与所学课文（letter）相呼应，同时是学生的写作方法的思维框架。

（2）建议

① 这是一节真正意义上的原生态课堂，没有磨课，没有事先接触学生，因此，面对起始年级，又是陌生学生，课堂指令应更加简洁明确、语速稍缓。

② 阅读+写作，阅读是语言的输入，写作是语言的输出，建议将重头放在阅读理解上，写作点到为止即可。

参考文献：

朱慕菊.走进新课程［M］.北京：北京师范大学出版社，2003.

说词说句说语法，以说促写聚新招

潘淑红

初中英语写作是学生综合运用语言能力的体现，不仅包括词汇、语法、习惯用语等语言知识，还包括学生对文章的构思、组织、表达，以及传递信息和解决实际问题的语言交际能力，它能准确、全面反映学生的实际语言水平。随着新课程改革的不断深入，中考英语作文越来越体现个性化特点，所占分数比重较大（在中考英语中，作文占总分的10%；在高考英语中，作文占总分的16.7%），因此，写作教学在英语教学中有着极其重要的地位。

我们知道，写作是一个知识输出的过程，而有效的输出一定是以有效的输入为前提的，所以写作教学一定要与听、说、读有机地结合在一起。如果说听说训练是语言从输入到输出的一个重要端口，那么以说促写更是至关重要。学生只有会说、说好了，他们写的能力才能落到实处。

一、以说促写的意义

英语"以说促写"教学是针对英语基础教育中的"说不好，写又难"的现状提出来的，旨在通过英语练"说"来发展学生的英语写作能力。实践证明，通过"以说促写"活动，学生的写作思路更清晰，写作内容更丰富，写作语言更地道。在写作教学中，我们可以借助多媒体教学的优势，将一些传统教学无法表达的内容趣味化、简单化，巧设情境、巧布任务，使各个教学环节之间形成任务链，听说为先，读写继后，刺激学生对所学内容进行充分的说，然后转换为写，从口头输出落实到笔头输出，从而达到以说促写的目的。

二、多媒体教学推波助澜，以说促写聚新招

（一）发挥多媒体的灵动，从"说词"点亮写作的"心灯"

我们知道，培养、提高学生英语写作能力是个循序渐进的过程，光靠短时期的突击训练是远远不够的。在写作的初始阶段，要从最基础的词汇入手，狠抓基本功训练，在词汇输入上下功夫，由易到难，循序渐进。但如果在训练词汇时方法机械单一，学生就会感到很枯燥。便捷的是，如今现代教育信息化带动了教育现代化，它不仅给现代教学提供了丰富的教学资源，使得教学过程更加形象生动，将一些传统教学无法表达的内容更完美地展现，使得课堂教学更加趣味化、简单化，从而激发了学生学习英语的浓厚兴趣。教师要充分发挥多媒体的灵动性，为写作做好铺垫。所以，在英语写作教学中，我们一定要充分发挥多媒体教学的优势，想新招，创新意，抓住学生的好奇心，巧设情境，巧布任务，使各个教学环节之间形成任务链，听说为先，读写继后，在丰富多彩的训练形式中帮助学生扩大词汇量，刺激学生对所学内容进行充分的说，然后转换为写，从口头输出落实到笔头输出，从而达到以说促写的目的。以说促写的主要训练招式如下。

（1）滚雪球法：可以从不同角度，将一个单词归纳出与之相关的所有单词，只要记住一个单词就可以举一反三、以一当十，引导学生以滚雪球的方式不断积累词汇。但对于一些同一类型的单词，我们在及时地总结后，也可以按照规律，适时地做一些拓展。例如，可以给学生出示某个与写作话题有关的单词，然后让学生参与活动"How many new words can you find？"，引导学生拓展词汇。

（2）障眼猜词法：这是我们在词汇学习中最喜欢用的练习方式。"一叶障目不见泰山"，或遮盖全部，或隐藏部分，或移动，或隐闪。总之，多媒体课件可以辅助教学，帮助教师轻松驾驭学生，只有想不到，没有做不到。

（3）头脑风暴：这是学生最感兴趣、最能调动学生积极性的训练方法，形式也是多种多样，但一定要有创意，想到别人想不到的。例如，我们经常在网上会看到这样的测试题：您在这幅图中可以看到几种动物？您可以根据看到的动物的数量测试你的性格类型。诸如此类的测试云集，大家也玩得乐此不疲。笔者则巧妙地"偷梁换柱"，将此游戏移入课堂，为笔者的英语教学增加活

力，引导学生大胆说，学生很是兴奋。

（4）看图填词补句：借助丰富的多媒体资源，此类训练方式也会衍生出许多新招。

（5）辐射联想法：可以帮助学生将思维辐射得更远、更开阔。

（6）构建联想图表法：引导学生由说词—说词组—说句—说段—说篇，逐步深入，通过集体创作完成口头习作，进而轻松落实到写，达到以说促写的目的。

（7）思维导图：可以帮助学生将思维辐射得更远、更开阔。

如：由"job"一词，你能想到多少个与它相关的词汇？学生会联想到好多表示职业的名词和描述性的词汇。

（8）编故事法：所谓"词不离句，句不离段"。单词的掌握不能是机械、枯燥的操练，它必须放到一定的语境中，包含一定的意义，变换不同的形式，才能吸引学生的注意力。用所给词汇，根据PPT所给图片创设情境，合理编写故事，也是帮助学生通过口头训练轻松完成写作的一种好方法。如八年级下册"Unit 4 Why don't you talk to your parents？"的写作训练方法如下。

① 说出表示情绪的词，哪个词最适合你今天的心情？

② 请你结合图片，描述你在以下不同场合的心情。

③ 请你结合以上情境，充分发挥想象，根据以上信息，编一个合情合理的小故事。

（二）借助多媒体的便捷性，以"说句"拓展写作的"中枢"

写作最基本的要求是考查学生遣词造句的能力，而遣词的原则是表达准确、地道自然、生动形象。用词不同、表达方式迥异，就会为中考作文轻松赢得高分。在此训练中，可以巧妙地借助多媒体的便捷性特点，以"说句"拓展写作的"中枢"，就可以在写作教学中独树一帜。

（1）滚雪球式、金字塔式的句型训练法：是帮助学生循序渐进提高写作能力的又一个好方法。此类训练法最大的好处就是能让学生在活动中始终保持注意力高度集中的状态，使不同基础层次的学生都能得到锻炼。

（2）扩句训练法：抓住五种句型，在生成简单句的基础上进行扩句，尽可能地使用形容词和副词及其同义词和反义词，可以增强语言的丰富性。

（3）一句多译法和转换训练法：用不同的方法表达同一内容的句子，把不会表达的句子巧妙换成其他的表达方法，迂回曲折，一步步为学生搭建训练句型的平台。这是引导学生积累句型、提高写作能力、轻松赢得高分的一个非常有效的训练方法。

（4）句型头脑风暴：类似于说词方法，通过多媒体课件，充分调动学生的视觉功能，使学生在挑战中享受成功的喜悦。

（5）复合句训练法：写作中会使用复合句（宾语从句、定语从句、状语从句最常用），无疑会给作文增加亮点，赢得高分。

我们可以通过选取学生的某一篇经过反复打磨的写作，引导学生体会感悟写作技巧，总结写作方法，争取在考试中轻松赢得高分。

（三）巧创情境，自编口诀，让"语法"增添写作的"色彩"

一直以来，英语语法教学备受关注和争议。传统的教学过多地强调对语法的讲解，忽视了培养学生的语言交际能力。现代教学中，有的教师对语法教学不够重视，或者将语法教学与其他教学孤立开来，使得学生在作文中出现不同程度的语法错误。一堂好课应当出"彩"在学生身上，语法教学也是如此，学生能否轻松接受并能灵活运用才是最关键的。以下方法则可以让干巴巴、枯燥的语法教学变得灵动起来。

（1）创设情境，引导学生体会感悟语法。情境教学法因为更能贴近学生的现实生活，所以非常容易产生共鸣，学生课堂参与意识强，教师也非常轻松。

（2）引导学生探寻其规律，一起自编口诀和顺口溜，将一些理解起来比较抽象或难记的语法点降低难度、简单化一，既能帮助学生加强记忆，又能为写作增添"色彩"。

（3）反义疑问句用法。速记口诀：反义疑问句三要点，前后谓语正相反；短句"not"如出现，必须缩写是习惯；最后一点应注意，短句主语代词填。

总之，以说促写关注的是学生学习的过程和学习方法，只有学生会说、说好了，完成从词到句、从句到段，进而到篇的口头作文，培养学生写的能力才能落到实处。但是，培养、提高学生英语写作能力是个循序渐进的过程，仅靠短期的突击训练是远远不够的。"绣花要得手锦巧，打铁先得自身硬"，要想打造高效课堂，教师先要加强学习，不断提升个人专业素养，吃透教材，勤反思，多动脑，善总结，延伸我们的教学思路，从而形成自己的教学风格。同时，掌握一定的教育信息化技术，为教育教学推波助澜。

参考文献:

[1] 朱秀娟."以说促写"提高初中低年级学生英语写作能力[J].基础教育参考,2017(17).

[2] 舒娅."以说促写,说写结合"提高初中英语写作教学的实效性[J].文教资料,2019(12).

小议初一学生的课前展示

陈 密

在英语教学过程中,我们经常发现孩子们一上到初中,就对英语学习缺乏兴趣,而英语教学中的不断重复则使部分孩子感到厌倦,学生不愿意听课,不愿意做笔记,不愿意开口跟读,对该学科信心大减,成绩较小学大幅下滑,有的班级甚至出现严重的两极分化现象,课堂效率十分低下。究竟怎样才能让学生爱上英语,让他们爱上英语课堂呢?那么就让课前展示为我们当先锋吧!实际上,作为教师,绝大多数人都有操作课前活动的经历,但我们常用的课前活动多为课前朗读、课前汇报等,集体操作,形式单一,过后不利于再循环操作,比较乏味,而且对于某些层次的学生来说,可能有操作难度。因此,要想让我们的课前活动真正达到"过渡课堂,活动课前,引领高效课堂"的目的,教师必须针对不同层次的学生,在活动设置上下功夫;而在实际操作过程中,更有许多细节需要注意,老师也需要灵活变通。下面就让我们随着不同方式的课前活动,挖掘出更好的操作方法、操作创意和注意的细节吧。

一、课前汇报(Duty Report)

对于初一学生,可针对学生的实际水平,以自我介绍(Self-introduction)为题,围绕学生的个人信息进行自我介绍的汇报,从而能够检测出学生的实际英语水平和口语水平。注意事项:一是根据书本所教授内容,设定一些必须介绍的基本内容,如"name""first name""last name""age""family members""telephone number""hobby"等。能力差一些的学生可以根据范文操作,而有能力的学生则可以在此基础上自由发挥。一是要重点培养学生上讲台表现的习惯，给学生们一个舞台，告诉他们"心有多大，舞台就有多大"，增强学生的自信。三是教授上讲台表现的礼仪，例如：站有站姿，直立，抬头挺胸，手自然下垂，面带微笑，眼往前方或自然环视，眼神要有力，要慢慢学会敢与台下的同学对视，等等。四是学生提前抽好顺序，自行准备，每节课进行1~2人的汇报。

二、学唱英文歌曲（Learn and sing English songs）

无论是节奏欢快还是令人耳熟能详的英文歌曲，无论是儿童的还是流行的，只要由易到难地教授并演唱，必定会让学生喜爱这种形式，盼望课前5分钟，同时也爱上英语课堂。注意在教歌的时候一定要提前准备好英文歌词，教师自己要先学会歌曲，可以利用多媒体播放录像；在学期中及结束的时候，可以进行英文歌曲演唱比赛，包括单人演唱和团队演唱比赛，评奖并激励。倘若全年级都实行，则可以在学期末进行年级内比赛。

现提供几首适合中学生的英文歌曲，例如You raise me up、Merry Christmas、The whole new world、Over the rainbow、In the morning、Do-Re-Mi，等等。

三、对话表演，模拟课堂（Dialogue report）

利用生活情景，根据最近所学书本内容，由学生及其Partner自行编好对话，上讲台前表演，要求学生表演自然大方，口语流利，尽量生活化，少一些中国式英语（Chinglish）。同时，要注意的是，如对话部分，可以要求学生对所编的对话依据自己的能力适当增减难度；同时可在情景表演中增加熟练程度以资奖励。

四、小品表演（English short play）

当学生升至初一下学期以后，即可尝试给学生准备一些简短的童话故事，例如，将The big Grey Wolf、Snow White、Cinderella、Ugly Ducking、The Little Match Girl等改编成英语短剧；由学生自由组织成队伍，自行编剧、导演，自行准备道具、服饰，自行排练，然后按照抽签顺序上讲台前表演。

五、快速背诵课文文章

快速背诵课文文章的创意来源于著名英语大师李阳的口语练习"三最法",即"最大声(as loudly as you can),最清楚(as clearly as you can),最快速(as fast as you can)"。从初一学生入学开始的第一堂英语课,就可以向学生灌输此学习方法,勤学勤练,必定让学生喜欢上读英语。需要注意的是:从一开始,老师在课堂上无论是带读单词、短语、句子还是短文,都必须快速、清楚而大声,让学生养成一个读的好习惯;在课堂上就可以如此操练,并在学生中形成你追我赶的氛围;每次学生熟练背诵时,都用钟表掐算时间,背诵用时最短、最清楚者获胜。

六、英文演讲

由老师选一些以所学内容或中学生身边的热门话题为主题,或者由学生自己选题,自己写好稿件,再由老师帮助修改。学生在课堂外自行操练,然后在课前演讲,同时要讲明演讲注意事项(同前),尤其要求学生注意仪表仪态、口语清晰流利等。所选演讲话题可以下为例:"My best friend""My parents""My lifestyle""Can students go out at night?""Can students smoke?""Can students have a part-time job?""How do I spend my pocket money?"

七、名篇名文段落背诵

选取一些名篇名著的段落和片段,或者是英文影视作品里的经典对白等进行朗读背诵,然后再到讲台前来演讲,例如圣经的第一段、著名演讲"I have a dream"中的片段等。

八、用英语介绍新知识、新闻报纸内容或电视消息

此内容可谓五花八门、包罗万象。学生以英语知识、单词的传播为关键,进行相关消息的报道,甚至可以模仿新闻记者报道。

九、每日英语脱口秀

首先,按照学生的座次或小组把全班同学排一个表,确定课前进行脱口秀

的先后顺序，然后将每日做课前英语脱口秀的要求和内容范围告知学生，并找一名优生做一个示范表演。第一轮脱口秀可以让学生自选题目，而有困难的同学可以找小组成员或组长帮忙。在演讲的过程中，其他同学需要安静、仔细地聆听。表演完毕，老师可就该生的演讲内容提出问题，其他同学抢答。这样既可以锻炼做脱口秀的同学的胆量和语言组织等能力，又可以锻炼观众同学的听力和表达能力。可以找学生对该生做点评，老师做补充。

　　课前活动的实施虽然仅仅是短短的三五分钟，却在过渡课堂、活动课前、引领高效课堂方面发挥了巨大作用，尤其能以学生为中心，围绕一定的任务和目的，培养学生良好的英语课前习惯，提高学生的学习兴趣，增强学生的自信，让学生喜爱英语、乐学英语，并为课堂的45分钟学习奠定良好的情绪，从而有效地提高课堂教学效率。

浅谈初一英语分层教学在课堂内外的运用

王晓瑜

英语教学要面向全体学生，充分考虑语言学习者的个体差异性。义务教育是全民教育的重要组成部分，义务教育阶段的英语课程应面向全体学生。首先，课程要体现以学生为主体的思想，在教学目标、教学内容、教学过程、教学评价和教学资源的利用与开发等方面都应考虑全体学生的发展需求。课程应成为学生在教师指导下构建知识、发展技能、拓宽视野、活跃思维、展现个性的过程。英语学习在很大程度上是个性化的活动，学习者由于年龄、性格、认知方式、生活环境等方面的差异而具有不同的学习需求和学习特点。只有最大限度地满足个体需求，才有可能获得最大化的整体教学效益，因此，教师要在充分了解学生个体差异和不同需求的基础上，在教学方法、教学内容及教学评价等方面做到灵活多样，力求使每位学生都有所收益。

其次应考虑初一年级学生英语学习的现状。七年级学生尽管在小学时对英语有所接触，但小学英语多注重开口讲，笔头训练少，学生在书写、词汇和语法知识的落实方面都不理想。针对这种情况，我们要及时发现问题，对学生进行合理分层，对不同层次的学生给予不同的帮助，从而使每位学生获得最佳的发展状况，达到分层递进、全面提高的教学效果，给不同层次的学生提供适合其进一步发展的空间和条件。

针对以上情况，对初一学生实施英语分层教学的过程及措施如下。

由于学生在多方面有着个体差异性和共同性，笔者把学生分为A、B、C三个层次：A层次的学生英语基本功扎实，学习主动，对英语学习有浓厚的兴趣，接受能力强，发展潜力大，具有超强的接受能力和表现欲望；B层次的学生在英语学习上接受能力稍薄弱，基础不够扎实，但在英语学习上有一定的进取心，有一定的学习能力和潜力，需要老师给予一定的督促和辅导；C层次的学生英语基础相对较薄弱、学习自觉性不高，缺乏良好的学习习惯，对英语学习缺乏恒心和毅力，需要教师时刻关心和督促。根据这种方法，笔者将本班学生分为6个合作学习小组，每组8人，以便给学生提供更多讨论学习的机会，兼顾各个层次的学生，实现教育活动的最优化，让他们感到学习既有难度与压力，也有信心与希望，有利于全面提高教学质量。

一、课堂教学分层

1. 课堂教学目标的分层

在课堂教学实际中，我们必须从学生实际情况出发，使不同层次的学生都能学有所获，才能激发各个层次学生的学习积极性。因此在每一节课前，教师要先分析教学内容。新目标课程分为Section A、Section B、Self Check三个部分，为了加强学生的阅读能力，还设置了学习策略和具有跨文化内容的语篇及相关练习。Section A是基本的语言内容；Section B是知识的扩展和综合的语言运用；Self Check可以让学生自我检测单元所学的语言知识。教师根据所授内容把教学目标分层，首先是共同目标，就是通过本节课的学习，每一位学生都可以达到而且必须达到的最低教学目标。其次，我们应认真分析每个单元的主要教学目标和要求，面向全体学生，全面实现教学目标。对于A层次的学生，要全面落实教学目标，培养他们的自学能力；对于B层次的学生，要落实部分教学目标，激发他们的兴趣，增强其信心；对于C层次的学生，要过好单词关，过好知识点关，夯实他们的基础。

2. 课堂施教中的分层

根据实际情况，授课要着眼于B层中等学生，因此实施中速上课，课中兼顾A、C优差两头，努力为后进生当堂达标创造条件。具体做法：上课时以合为主、分为辅；课后则以分为主、合为辅。做到对A层学生少讲多练，让他们独立学习，注重培养其综合运用知识的能力，课堂上多给他们一些总结性发言机会和一些拓展性问题的讨论。对B层学生则实行精讲精练，重视"双基"教学，着重在掌握基础知识和训练基本技能上下功夫。对C层学生给予难度小的问题，浅讲多练，查漏补缺，弄懂基本概念，掌握必要的基础知识和基本技能。上课时，多给C层学生机会回答一些较基础的问题，多给予学生一些鼓励和肯定，促使学生建立一定的自信心，努力加入课堂中来，逐步赶上B层学生。教师的课堂教学形式也要灵活多样，积极引发各层学生的学习动机，让不同层次的学生在课堂上都能有话可说、有事可做，真正提高课堂教学的实际效果。

3. 对座位的分层

美国教育家布鲁姆认为："当学习转化为一种合作过程时，小组学习程序可以说是十分有效的。语言学习尤其需要与别人交流，以便在使用中学习。"对于初一的学生来说，他们词汇量非常有限，所以在课堂上，教师要给学生较多的语言实践机会。但是由于班级人数多、学生各有不同，教师的课堂注意力也有不同。因此，座位分层是很有必要的。教师应根据各种不同来安排座位，最终达到同桌间能互相影响、互相帮助。例如，座位可以安排成A与B的搭配或者B与C的搭配。这样，A、B、C三个等级的学生间的距离也会缩短，既能达到愉快教学的目的，也会减少两极分化情况。

二、课下作业分层

初一阶段的学生英语学习能力相差的距离还不是很大，另外，学生所做的练习册都是一样的，而且一个班的学生人数较多，讲解习题都是在全班范围之内整体讲解。因此，我们布置作业的分层体现在几个方面：一是预习的分层。A层学生可以从整体去感知教材，明确第二天课程的重难点，自己先尝试着发现问题、分析问题、总结问题，并能解决问题，最后带着疑问去听课，达到高效。B层学生通过预习相关的内容后，大概了解课程所要讨论的话题及所运用的句型。C层学生多读、多说、多写。二是复习的分层。A层学生除课本知识外，注重拓展与课外的积累。B层学生注重课堂知识的巩固与加强，以及灵活运用。C层学生注重基础知识的巩固。

通过这一年以来的分层教学，笔者在教学中确实得到了很多的收获，但也发现了很多不足之处，例如处理某些课堂突发问题、备课的广度等。笔者从中认识到：教师要备好课，针对这三类学生不仅要有不同的目的和要求，还要有教学机智，能化解突发情况；备课一定要充分，以应对不同的学习速度。在任何班级中，学习者用不同的时间来完成课堂上设置的任务情况是不可避免的。如果没有其他事可做的话，先完成任务的学生可能会变得好动甚至会捣乱，这也浪费学生宝贵的学习时间。另外，教师要尽量从多方面给学习者鼓励性的评价，帮助他们更进一步。

参考文献：

［1］束定芳，庄智象.现代外语教学：理论、实践与方法［M］上海：上海外语教育出版社，1996.

［2］陈琳，工蔷，工晓堂.《义务教育英语课程标准（2011年版）》解读［M］.北京：北京师范大学出版社，2012.

［3］王娟.分层教学在初中英语阅读课中的尝试［J］.教学与管理，2011（4）.

［4］叶云招.新课标下初中英语分层教学实践探析［J］.中学教学参考，2011（10）.

论中考英语考前冲刺攻略

——明确考试方向，注重复习方法，提高复习效率

陈 密

一、明确考试方向

（1）研读《英语课程标准》和《2019年初中英语学业水平考试说明》，弄清中考考什么。

（2）研读近年中考试题，弄清中考怎么考。

二、制订切实可行的复习计划

复习过程要有计划性、针对性和系统性，要科学合理地安排好四轮复习。

（一）第一轮，以《2019年初中英语学业水平考试说明》为纲，过好课本关

初中英语教材包括教学大纲和考试大纲所要求的全部内容。试题在书外，知识在书内，复习中必须吃透教材。不少学生在最后的复习阶段完全采用题海战术，无目的地大量做题，然而再好的题也不可能涵盖所有内容，这样做题往往事倍功半。因此，应将复习教材与适当做题有机地结合起来。

时隔三年，学生对五册教材中学习过的单词、短语、交际用语、课本典型语句及语段已经部分性遗忘，因此，学生必须"降低姿态"，一步一个脚印，扎扎实实搞好基础知识的复习。学习者在开学的第一个月，应充分利用在校时间，自主快速浏览初中教材七、八、九年级的五册课本内容。这部分内容坚决

不要拖延到课后回家再去执行。这一阶段应充分发挥学生的主观能动性，以教师引领为辅、学生复习为主。

例如，课本单词、短语的复习安排在每周一、三、五的早读时间，周末自觉将一周内复习过程中的易错、频错词及短语再次巩固，全面过关。对那些平时疏漏过的单词要重点记忆，必要时辅以听写作为检测手段。

再如，每天下午提前十几分钟坐进教室，翻阅教材每个单元的要点内容。对教材中的交际用语、典型语句及精彩语段要熟读，有的还要能背诵，争取做到张口会讲、提笔能写。

一个阶段的复习结束后，可做些相应的练习自我检测，并注意把出现的典型错误归纳起来，集中在一个纠错本上，定期抽空加强。如果在这一轮复习的一个月时间里，学生能够把"自主复习"与老师的"课堂归纳"紧密结合在一起，就会为下两轮的语法专项复习和综合试题训练奠定扎实的基础，排除后顾之忧！

（二）第二轮，专项复习

建议本轮复习时间为三周。由于近几年中考对语法的淡化，这一轮复习不能耽误太多时间。这个阶段的复习需要极强的条理性、归纳性和对比性，主要任务为培养学生的解题思路和分析方法，同时使学生牢固掌握基本语法知识。因此，这个阶段的复习应该以教师的课堂总结、归纳为主导，辅以适量、典型的习题。对于语法的复习，大家一定要以《中考说明》为依据，删繁就简，抓住重点和考点。

（1）基本词法：名词、代词、冠词、数词、形容词、副词、介词、连词、情态动词、构词法的基本常识（词法的复习不要挖得过深，掌握基本用法就可以）。

（2）动词的时态、语态：动词的九种时态及被动语态（重点放在五种基础时态上）。

（3）非谓语动词：动词不定式、动词-ing、过去分词的基本用法。

（4）常用动词辨析、动词词组和动词的常用句型。

（5）基本句法：各种类型的简单句（如感叹句等）、并列句（并列连词的基本用法）。

（6）主从复合句：宾语从句和状语从句（全面掌握），定语从句（基本用法）。

（7）主谓一致（掌握基本的语法一致、意义一致和"there be"句型等特殊结构）。

语法专项的基础知识先从整体上做总结，然后通过习题在一定的语境中去应用。这部分复习必须牢牢把握《英语课程标准》和《中考说明》的相应要求，在记忆、理解的基础上灵活运用。学生在教师精讲多练的原则引领下，要掌握解题要领和分析方法，清楚答案与命题之间的关系。

（三）第三轮，模拟训练

这一阶段的训练旨在培养学生全面的考试能力。此轮复习时间以一个月为宜，主要内容为适应性训练，以提高考试技巧。学生应该在教师各种题型解题方法、技巧的引领下，主动培养个人的审题能力和知识考查预判能力。训练方法为综合训练和模拟测试相结合。综合训练是一种使学生所掌握的各种知识得以巩固的手段，而模拟考试主要培养学生的时间意识和良好的应试心理。在模拟训练中，学生通过练习、思考及老师的后续讲解来磨炼解题方法和技巧，同时通过模拟测试分析复习过程中出现的问题，及时调整复习方法和策略。

在这一轮复习过程中，学生应该把中考分值比例最高的三类题型作为主要突破和提升的方向：完形填空和首字母填词、阅读理解、初级写作。这些题的得分关键在于平时做题方法和思维方式的养成，而后期的综合训练要把方法运用放在首位，再配合题量的积累和见识的拓宽，具体建议如下。

1. 完形填空和首字母填词

这两种题型"异曲同工"，极为相似，它们从多角度命题，涉及的知识点较多，考查的范围也很广，既有对知识点的考查，也有对阅读方法和策略运用的考核。要想完成好这类题型，应该贯彻以下方法。

（1）带空阅读，通读全文，领悟大意。

（2）联系上下文，前后要贯通，注意上下文对答案的提示。

（3）再读全文，仔细推敲，结合上下文反复核对。在做完题后，最好把所有答案填回原文中，然后将补充完整的全文从头至尾看一遍，以确保文章上下文顺畅连贯、语法准确、搭配正确、逻辑合理。

2. 阅读理解

阅读理解在中考英语试题中占有相当大的比例，而且文章题材涉及甚广，如日常生活、人物介绍、科普知识、时事要闻等诸多方面。这就需要学生不但要具备一定的词汇量和扎实、正确的语言知识，而且要储备一定的科学、文化、人文、地理、时政等常识，并在平日复习过程中加大阅读量，阅读的题材要广泛，在做到广泛的同时，还要进行限时阅读训练，只有这样，才能在中考有限的时间内，准确地按时完成大量的阅读题。在平日阅读训练过程中，学生要执行科学的阅读方法。

（1）阅读全文前先审题。因为五个问题的设置基本可以概括文章大意，审题的过程恰恰可以完成对文章大意的把握，进而结合首尾段及各段首尾句完成对文章主旨或题目的推断。

（2）带着问题阅读，做到阅读目标明确，边读、边找、边归纳各个问题答案的相关线索。

（3）通过文章上下句之间的联系，猜测生词。

3. 初级写作

中考书面表达的分值对总成绩的影响也是不可忽视的。所以在写作文前，一定要仔细审题，看清楚题目要求，确定内容要点和人称、时态等基本要素；在此基础上尽可能用所学过的词汇、短语和语法结构，使语言更具有多样性、准确性和逻辑性，要借助适当的连接成分（连词及连接性短语）达到行文的连贯性和语言的连续性这两点写作要求。

此外，还要注意单词拼写的正确性和书写的美观性。写完之后，一定要对所写文章通读一遍，检查错误，加以改正，再行誊抄。

（四）第四轮，查漏补缺，自由复习

不要仅把一模看成一次考试，其实它还是一次查漏补缺的过程，需要根据孩子的考试发现问题，进行查漏补缺。将学生的易错点进行分类，这样学生在二模以后可以自行完成查漏补缺的过程，以节省时间。

三、注重复习方法

（1）抓住重点，突破难点，就是对《英语课程标准》《考试说明》要求的要点、关键点、核心知识点加大复习力度，重点突破。

（2）重视热点，就是连续几年在中考题中出现的考点内容，例如"if"引导的条件状语从句、感叹句等。

（3）关注亮点，近几年考题中淡化了语法，对文意、语境的考查更多。

（4）弥补弱点，即在中考复习中对学生知识的薄弱环节或知识误区进行有针对性地查漏补缺，以提高复习效率。

四、提高复习效率

1. 听力：多读多听

对于第一部分的听力，学生不必特别担心，因为中考听力相对平时的听力练习而言语速更慢、吐字更清晰。无论是大小英语考试，从监考老师发考卷到听力开始之间会有一段时间，所以学生一定要充分利用这片刻的时间，先将听力部分快速浏览一遍，接着详看听力部分整句的英语，可以画出自己认为重要的地方。例如，对于"How much should the man pay？"这句，可以画下"the man"或画下"pay"，然后再静下心来，一题一题听做下去。

2. 语法：准备一个错题集

对于语法，平时可以准备一本语法记录本。由于课堂上的笔记多而杂，所以课后可将老师讲的语言点、词组记录于本上，以后复习既简洁又方便。这本子同样可以用来记录自己的错误，并且要加上错因和相关语法，考试前再将这些错题看一遍，力求不犯类似的错误。

在考试时，可以画下一些关键词句，以提醒自己注意。例如，对于"—Have you finished your homework yet？—Yes, I _____ it two hours ago."这道题，就可以画下"ago"这个词，提醒自己这里只能用"finished"；而对于"Tom _____ his children likes playing bridge."这道题，就可以画下"likes"这个词，提醒自己这里只能用"as well as"。画一条线仅仅需要1秒钟时间，却避免了1分的丢失。

3. 阅读：多啃习题集

近年来，阅读在整张考卷中的分量越来越重，难度也逐渐加深，所以阅读是需要积累的。阅读考查的内容不仅是学生的阅读能力，也在考查学生的主观判断力和逻辑思维能力，所以多做阅读分析，才能形成这样一套思维体系。就如同做语文的现代文阅读，要理解作者所要表达的思想才能做题。特别是在"T／F"和选择时，会考查你对文章的一些看法，一句话——把握作者思想，答案文中找。

4. 写作：平时多练笔

如果在中考时，作文内加一些从句或高级句子，例如"all in all""in a word""However""as far as I know""without doubt"及"if"引导的条件状语从句，书写整齐、漂亮、分段，都会使阅卷老师产生好感。

总的来说，笔者认为英语是需要多练的，语感是靠平时练（听、说、读、写）出来的，还要注意做题的速度和书写。只要平日认真听课，在勤记语言点的基础上多听、多练、多积累，中考的英语成绩一定会令你满意。

核心素养背景下提高初中生英语学习兴趣之策略

张亚男

"兴趣是最好的老师",当学生们对学习产生了兴趣,也就拥有了学习的动力。英语是一门外语,对学生们而言,不同于母语的学习。兴趣的提升,是我们在日常英语教学中的着眼点所在。提升课堂教学效率,就要增添教学活动的趣味性,要有一定的策略。

从教十几年来,笔者一直致力于提高学生的英语学习兴趣,并在实践中不断改进和完善做法,在教学过程中形成了自己的教学特色,也总结出了一些有效的策略。

一、英语课堂上的口语拓展练习

笔者在课前对口语练习的内容加以拓展,让学生可以有自由发挥的空间,提高其在课堂上说的欲望,让学生们不但会简单地改编对话,而且有自己的思考和亮点在里面。笔者会给出学生以明确的示范,启发他们思考,使其真正在课上活跃起来。

二、布置有意义的任务型活动及作业

人教版英语的课本内容是按话题来分配的,每个单元都会有一个固定的话题,而围绕这一话题,笔者会想出一些切实可行的任务。比如,八年级上册第2单元是频率话题,笔者就在课堂上给学生讲了如何写调查报告,当天的作业为设计一张调查表,内容就饮食、锻炼、看电视或上网这四方面,在班级做一下调查,用频率副词来表达,并附上调查结果。由于孩子们的动脑及认真准备,这项家庭作业完成得很好。在思考和实践中掌握知识，这是学习最有效的方法。

人教版八年级上册第5单元是有关电视节目的话题，写作要求是让学生写简单的影评。在课上，笔者引导学生了解如何写影评、从什么方面入手，并带领学生做了练习；课后，要求学生们用A4纸制作影评的海报。学生们发挥聪明才智和绘画天赋，认真搜集素材，用自己的语言完成影评海报的创作。遇到与学生们现实生活联系紧密的阅读文章时，笔者采取了模拟活动来让孩子们体会文章的意义。比如，八年级上册的第4单元中有篇阅读"Who's Got Talent?"，在学这篇文章之前，笔者在班级里挑了一些有才能的孩子，让学生们事先做好准备；第二天课上进行了Class Got Talent（班级达人秀）表演，课堂气氛非常活跃；看完表演，让学生自主选出the best performer! 这堂阅读课也让学生们记忆深刻，课后作业又让他们写了篇作文，发表对班级达人秀这次活动的感想。从作文中可以看出，学生们非常喜欢这样的方式。

笔者一直在思考英语教学的策略，也在教学实践中不断地改进自己的方法，不断地去学习别人的好的做法，借为己用。学习是永无止境的！

三、开展英语朗读比赛活动及教唱英文歌曲

从初一到现在，笔者一直给学生们强调朗读的重要性。语言是要说出来的，要形成自己的语言，必须从读和模仿开始。朗读打卡，给学生们指导发音和断句，形成良好的朗读素养。本学期末，我们班级内要进行朗读比赛，以激励学生好好读书、好好学英语。学唱英文歌曲，是很多学生都比较感兴趣的。音乐可以使人放松，在唱歌中去体会英语语言的魅力，也使学生不知不觉中学到了句式的表达，而且经常听英文歌曲也锻炼了学生的英语听力。笔者会在学期内用自习课教学生们学唱英文歌曲，曾教过的有 *Five Hundred Miles*、*Sailing*、*Jingle Bells*、*Remember Me*、*Stay Here Forever*、*Raise Me Up* 等歌曲。这些方法的使用，使得英语变得很有活力，学生们也增强了学习的动力。现已毕业的学生给笔者写的信中，还谈到了教唱给他们的英文歌曲，可见还是在无形当中影响了他们。

四、善于帮助学生通过反思来提高成绩，从而提高他们的学习兴趣

成绩是每位学生最为关注的，也是我们教学的价值体现。学生如果在学的

过程中，成绩在不断地提高，那么学习兴趣和劲头也会越来越大。从学生们刚进入中学的第一次考试开始，笔者就训练他们如何写好试卷反思。通过反复的训练，他们可以写出高质量的、有特色的试卷反思，而孩子们的成绩也在反思的过程中渐渐地提高了。学生们也逐渐地意识到：通过反思可以发现自己的不足，可以避免同样的错误再次出现，可以促使自己更加明确地进行下一步的学习。对于优秀的试卷反思，笔者经常利用希沃白板展示给学生们看，让其对比一下自己的反思。久而久之，反思对于学生而言，已经成为学习当中不可或缺的一个习惯。

笔者认为，一名英语教师能让学生学会知识不难，但让学生爱上学习这件事情却是一个不小的挑战。只有喜欢，有兴趣，学习才可以持续地进步。笔者希望每个孩子都能带着兴趣，有着源源不断的动力去学习。同时，笔者也要不断地去学习，在实践中不断地反思，不断地改进教学方法和策略，让自己教的学生爱上学英语，在课上可以彼此用英语熟练地交流。

浅议如何将思政元素有效地融入英语课堂教学

潘淑红

目前,"核心素养"已成为学校新的育人目标,成为教书育人的主阵地,它指导、引领、辐射学科课程教学,引领教学从"知识教学和技能教学"转向"对学科核心素养的培养",使"教学"升华为"教育",从而更关注人的发展。"育人德为先",德育是教育教学中的一个永恒主题,贯穿教育的全过程,遍及每门学科、每一堂课。英语学科本身就是思想性很强的人文学科,它能直接反映人们的思想情感。初中英语新教材充分考虑了教学材料的德育因素,提供了大量颇具时代感和思想性的文章,注重德育渗透,更关注人的发展。那么,我们应该挖掘教材内外蕴涵的哪些思想教育因素,有效地加强德育与教学的一体化呢?通过教材整合,笔者认为主要从以下几点抓起。

一、爱国主义教育

英语教学不仅传播语言知识,更重要的是培养学生应用语言进行跨文化交际的能力。既然是跨文化交际,教师就必须融入本国文化的对比,介绍中国文化,培养学生热爱中国文化,在语言交际中既不妄自尊大,也不妄自菲薄。在学习世界上一些对人类有着重大意义的发明的相关信息的基础上,引导学生知道中华文明作为世界文明的重要组成部分,其在世界文化交流中实现文化共荣,在相互促进发展中做出的巨大贡献,从而培养学生强烈的爱国主义情感和历史责任感。

二、感恩教育

九年级第七单元"Teenagers should be allowed to choose their own clothes."中Section B 3a的阅读材料Mom knows best是一首很有意境和感人的诗,因而笔者在上课时通过多媒体课件配有插图和音乐,尽量给学生创造真实情境,引起学生情感上的共鸣。学生很受感动,好多学生都哭了,他们真实地感受到母爱的博大情怀和细腻,同时也反思自己平时对父母的不理解甚至有过的过激言行。通过教学活动,对学生潜移默化地融入了感恩教育。后来,笔者在教学八年级下册第四单元"Unit 4 Why don't you talk to your parents?"时,也把这一素材穿插到教学活动中,通过一场辩论会,引导学生体谅父母、理解父母、感恩父母,并学会主动与父母、教师交流沟通。又如,笔者在教学八年级下册第三单元"Could you please clean your room?"时,让学生学会用英语礼貌地向别人提出请求及其回答的语言知识的同时,引导学生树立正确的劳动观,让学生学会体谅父母,明白做一些力所能及的家务活能够分担父母的辛苦,同时也是热爱父母、感恩父母的一种体现。

三、青春期认知教育

初中阶段是人一生中的重要阶段,在认知发展上处于一种既懂事又不清楚的状态。因为进入了青春期,所以他们有了太多的烦恼,有渴望被理解,有寻找共同语言、寻求帮助的需求,也有诉说苦闷、相互安慰的需求。这就需要我们正确引导学生如何与父母沟通,如何与他人交流,寻求建议,以应付生活中的各种挫折,保持乐观、稳定的积极心态。例如,在八年级下册第四单元"Unit 4 Why don't you talk to your parents?"中,围绕"Asking for advice"这一话题,主要就中国及一些其他国家中学生们普遍存在的生活及学习上的问题及苦恼,引导学生正确认识生活中的一些困难,能采用正确的方式解决实际问题。前四课时主要根据所学知识谈论问题和困难,给出一些合理的建议并做出选择;通过听、说、读等各种形式,训练学生综合运用知识的能力。阅读材料则围绕"Can people push their kids so hard?"这一中外家庭中普遍存在的问题展开阅读,在培养学生的阅读能力的同时,让他们可以就好成绩与幸福、快乐与父母进行交流沟通,引导学生用正确的方式解决生活中的问题,使其知道学习知识和培养技能是很重要的事情，但它并不是生活的全部。

四、意志品格的培养

一个人的成功取决于多方面的原因，而个人的意志品质往往起决定性作用。培养学生的独立性、创造性、自信心和顽强拼搏的意志品质，培养学生团队合作的精神，促进学生健康成长，也是英语教学中对学生的德育教育主题之一。人教版英语教材八年级下册第六单元"An old man tried to move the mountains."，以及七年级下册第三单元的阅读材料"Crossing the River to School"也在语言学习中融入对学生的品格教育，激励学生要有顽强的意志，有敢于面对现实、勇于战胜困难的勇气和信心。

五、遵纪守法和责任意识

古人云："不依规矩，无以成方圆。"英国著名文学家莎士比亚说过："纪律是达到一切雄图的阶梯。"通过学习七年级下册第四单元"Don't eat in class."，以及九年级第七单元"Teenagers should be allowed to choose their own clothes."学生能够了解中外审美观的差异，形成自己的审美观，展示个性；了解中西方关于青少年的不同文明准则，反思自己的言行举止是否符合中学生日常行为准则，从而规范自己的言行，养成自觉遵守规则的良好习惯和优良品德；正确看待"家规""班规""校规"等，并能认真遵守；明白父母、教师的合理建议对自己成长的重要性。八年级下册第二单元"I'll help to clean up the city parks."主要围绕"volunteering"这个话题，通过教学既可以培养学生的语言交际能力，也可以培养学生为他人着想、热爱公益事业、乐于助人的优良品质。

六、热爱自然，保护环境

人的生命是独特的，而大自然的一切生命都是珍贵的。正是人类和其他众多的生命共同构成了一个共存共荣的生命大系统，人与自然之间应该是和谐的、友好的。热爱自然、保护环境、爱护其他生命是一个现代人必备的思想素质，也是现代社会发展的需要。初中英语教材中渗透了许多相关教育元素，如七年级下册第五单元"Why do you like pandas？"九年级第十三单元"We are trying to save the earth."的阅读材料。我们要在教学语言知识的同时，通过情景剧、辩论会等多种活动，引导学生善待大自然，尊重其他生命，正确理解人与自然的关系。

七、尊重中西方文化差异

我们知道，每个民族都有不同于其他民族的文化背景，而这种文化背景存在于社会的各个领域，人们的一言一行无不受到它的制约。对于同样的一件事物，不同文化背景的人的看法大相径庭。在英语教学中，我们不但要培养学生使用英语的能力，更要培养学生具备跨文化交际的能力。由于历史文化、风俗习惯、生存环境、宗教信仰等不同，中西方文之间也存在着很大的差异。例如，九年级第十单元"You're supposed to shake hands."交流学习了中西方国家不同的见面礼仪和餐桌文化。所以，教师在通晓本国传统文化的基础上，更要广泛地了解和吸纳英美国家文化多方面的知识，并将这些知识渗透到课堂教学中，使学生在学习语言知识的同时，感受中西方文化的差异，树立正确的文化观，同时要引导学生尊重不同的文化差异。

教育要回归原点，关注人的发展；教学要走向服务学生学科核心素养的发展。因此，教师首先要转变观念，从"学科教学"转向"学科教育"，不但要通晓教学大纲所要求的全部知识，对本专业具有独立的思考和个体化的知识体系，教给学生正确的语言形式，还要挖掘教材中的德育因素，渗透人文教育；同时要深刻地认识到，教学过程既是认知训练的过程，也是情感陶冶和提升的过程，教师要努力结合教学内容，找到"教"与"学"和谐一致的结合点，激发共鸣，让课堂教学成为师生情感交流、智慧碰撞、人格感染的过程，真正实现核心素养把"教学"升华为"教育"的目标。

核心素养背景下初中英语教学中渗透德育的策略

苑凤华

教师应在教学过程中充分尊重学生阶段性心理、思想的发展特征与机制，一方面应做好道德表率模范，为学生做良好的德育榜样，给予学生正确的引导与教导；另一方面应积极挖掘教材、组织活动，将教学内容延伸到学生实际生活中。各科教师在课堂内外应积极渗透德育思想与内容，能够为学生人生观、价值观的树立奠定良好的基础。这也要求初中英语教师结合英语学科的特点，提出在初中英语教学中融入德育的优化策略。

一、在初中英语课堂渗透德育的积极作用

1. 促进学生全面发展

德育是教育的灵魂。初中阶段是学生掌握基础知识、塑造价值观的重要阶段。当今时代，孩子们接受着多元化的文化知识和各种潮流的冲击，因此，在初中英语课堂教学中渗透德育内容，不仅让学生通过学习掌握英语方面的基础知识、使用方法，提高英语语言应用能力，也能够让学生在德育教育过程中提升素养、学会做人、形成个人品格，从而实现学生的全面发展。

2. 丰富英语课堂内容

英语是人文性和育人性相统一的学科。在教授学生英语语言知识的同时，借助一定的形式、手段融入德育的内容，可以增加英语课堂内容的多样性。此外，在英语教学中不可避免会涉及西方文化的传播，这也对英语教师如何引导学生批判性看待、借鉴西方文化，更好地接受中华民族的传统文化与美德提出了要求。

3. 符合课改教学要求

近年来，国家一直提倡开展素质教育，促进学生综合素养的提升，德育教育被提到了十分重要的位置。在初中英语教学中开展思想道德教育，是全面推行素质教育和英语新课标要求的体现，有助于培养思想道德、文化素养水平高的社会主义接班人。

4. 有益于后进生的成长

教师带着对学生饱满的深情去理解他们，在潜移默化中理解后进生的发展。人在困境之中，或在失意之时，一句安慰的话语、一个鼓励的微笑、一种感同身受的情感表达，往往令人倍感亲切，"理解万岁"便会发自肺腑。教师基于理解来教育后进生，更需要具备基于理解的教育能力。这种教育能力要求教师在与学生进行沟通和交流时，懂得关注，学会倾听，能够根据不良表现或不当言行的具体表征做出准确判断，能够在洞察学生心理和具体情景的基础上做出理智选择。同时，这种教育能力又要求教师在教育过程中体现出作为管理者的豁达、宽容和自我克制，作为指导者的耐心细致和随机应变。

二、初中英语教学中渗透德育的有效策略

1. 言传身教，营造氛围

教师本身是教学活动的组织者、开展者。教师只有更新自身理念，认识到在英语教学中融合德育的重要性，主动将德育渗透到英语教学的各个环节，才能确保英语课堂德育教育的有效开展，也才有助于营造积极的氛围。例如，在八年级下册"Unit 3 Could you please clean your room？"教学中，教师可调查学生日常在家参与家务活动的情况，然后在课堂中表达"自我动手实践"的重要性，鼓励学生课后在家学会动手整理自己的房间，并帮忙做家务。又如，在教学八年级上册"Unit 3 I'm more outgoing than my sister."时，教师可组织学生以"How to get along well with our families"为题在课堂中进行讨论活动或英语讲故事比赛，让学生以自身情况进行讲述，并组织集体就"家庭和睦"进行探究，最后由教师总结建议。学生的成长差异不仅表现为对学习情况的掌握，其自身的心理与成长机制也是其个性化的表现。部分学生会表现出羞涩、不善言语等特征，而部分学生相对比较外向开朗，因而教师可适当给予不同性格的学生以对应的指导。教师应该站在"育人"的高度，在课堂内外发挥示范作用，

以正确的教学观念、价值理念、个人行动对学生施以作用、加以引导，在教会学生如何获取知识之前先教会学生如何做人，让学生在耳濡目染的过程中逐步确立正确的"三观"。

2. 深挖教材，优化课堂

在初中英语教学中开展德育教育有其重要性与必要性。然而，德育教育的开展不能一味进行理论的宣讲，因为缺乏材料依托的品德教育是难以受到学生欢迎的，效果也难以体现。教材是开展教学活动的重要载体，这就需要教师以英语教材为依托，借助教材文本材料和一定的教学情境，引导学生感悟和体会，将英语知识的教授与品德教育相结合，达到双重效果。

例如，英语教材中有不少礼貌用语、交往礼仪等内容，因而英语教师在课堂上可以将这些内容与学生的日常生活结合起来，鼓励学生在掌握英语交际口语的同时，养成适宜的语言习惯和礼仪习惯。例如，在教学"I'd like some noodles."这节课时，会谈论到不同国家过生日的习俗，进而折射出一个国家的文化，这时候，教师除了教会学生词汇、句型，掌握语言技能，还需要向学生介绍不同国家的生日庆祝方式，引导学生接纳、尊重不同的文化。

3. 创新途径，促进融合

在英语教学中进行德育教育，还需要讲究一定的方式方法，这样不仅能丰富课堂教学的形式，也使得学生乐于接受德育的相关内容。教师可以结合教学内容对学生是否应该效仿或学习某种行为进行直接的引导，也可以鼓励学生通过自主思考或小组讨论之后表达观点与立场，还可以以英语习作的方式通过书面形式进行阐述，也可以使用信息化手段辅助开展教学……借助丰富的教学手段，不仅能够使得学生的英语口语、书面表达能力得到进一步提升，而且在教学中融入德育的方式也更为灵活、生动。比如，在教学"Can you come to my party?"这节课时，教师要借助教材文本中呈现出来的态度、方法、思想等，根据德育大纲要求，可以设定一定的对话主题，利用多媒体等教学辅助手段创设贴合实际的教学情境，在情境中让学生练习语言、树立正确的认知。对于是否接受别人的请求参加宴会，教师可以引导学生参与到类似的情形中，让学生在不同的对话问答、情境假设中开展口语的练习。同时，教师可以对人际关系的交往礼仪进行一定的解读，恰当地引入德育教育的内容，达到在润物无声中影响学生的目的。

三、结束语

正所谓："师者，传道授业解惑也。"初中英语教师在教学实践开展中，不仅需要教会学生英语语言技能，做到"授业"，体现英语工具性的一面，还需要融入德育的内容，做到"传道"，展现英语人文性的一面。在教学中融入德育的思想与内容，不断熏陶学生形成美好的德行、正确的价值理念，这也要求初中英语教师注重发挥言传身教的作用，在深挖教材内容的同时不断丰富教学形式，让思想道德教学的内容不断融合英语教学，实现英语教学水平与学生素养水平双提升。

参考文献：

［1］陶佳.浅析初中英语教学中渗透德育思想策略［J］.校园英语，2017（6）.

［2］巫家斌.略谈立德树人——德育在初中英语教学中的渗透策略［J］.考试周刊，2017（73）.

实践篇

人教版 *Go for it* 七年级（上）Unit 2 This is my sister. 微课词汇教学课例

李晓明

一、教材分析（Teaching material analysis）

本单元包括Section A、Section B 和Self Check。本单元的标题为"This is my sister."，围绕介绍家庭成员开展听、说、读、写教学活动，中心话题是介绍家人和亲属，学生的学习活动是在真实的生活场景中展开的，并把"名词的单、复数形式"这一语法主线贯穿其中。

二、学情分析（Situation analysis）

七年级学生，虽然英语基础刚刚起步，但对学英语充满了向往和浓厚的兴趣。学生活泼好动，思维活跃，积极性高，善于和同学交流，乐于表达自己，渴望得到同学和教师的赞许和肯定。

三、教学目标（Teaching aims）

1. 知识与能力目标

（1）能用英语表达家庭成员："grandfather" "grandmother" "grandparents" "father" "mother" "parents" "son" "daughter" "sister" "brother" "aunt" "uncle" "cousin" "friend" 等。

（2）能运用句型"This is..." "That is..." "These are ..." "Those are..." 进

行简单的介绍、询问与交流，同时能基本知道何时用单数、何时用复数。

2. 过程与方法目标

通过对话练习，掌握介绍人物时常用的词汇惯用语，并能把它运用到实际生活中去，提高学生的交际能力。

3. 情感态度与价值观

通过介绍家人和了解朋友的家人，增进彼此间的了解，建立友谊，从而更好地尊重对方、理解家人；加深彼此之间的信任与情感，体验用英语交际的乐趣，从而激发学生对家人的热爱及自身的责任感。

四、教学重点（Teaching important points）

熟练掌握家庭成员的英语称谓，正确介绍家庭成员，掌握名词的单、复数形式。

五、教学难点（Teaching difficult points）

用英语正确地介绍家庭成员及其之间的关系。

六、教学策略（Teaching strategy）

通过语言及任务引导，激发学生主动参与的热情，培养学生积极思考的良好学习习惯，突出教学活动中学生的主体地位和作用；同时为了满足新课改的要求，提高学生学习英语词汇的积极性，本课时主要运用微课进行词汇教学。

七、学法指导（Learning guide）

创设情境，将所学词汇知识与学生的实际生活联系在一起，让学生在锻炼口语中记忆单词。学生不仅能够操练所学的句型，巩固旧知，内化新知，而且能把语言的习得和学得进行有机的结合，以提高识记英语词汇的效率。

八、教学过程（Teaching procedures）

学习表示家庭成员的单词。教师用多媒体呈现情景剧《家有儿女》中的剧照。

九、课后反思与探讨

1. 本节课的亮点

（1）创设情境，导入目标内容，旨在将整堂课作为一个真实的演练环境。整堂课在创设的情境中进行语言教学和操练，使学生身临其境，心理上自然、放松，且充满参与的热情，淡化了对新学语句的戒备感。每一个语句的学习最终均要归位到具体情境的交际活动中去，给学生一个完整而明确的认识：语言知识的学习是为了实际交际活动。

（2）在学习中倡导学生主动参与、乐于配合、自主探究。本节课的总体设计体现了《英语课程标准》中的从学生的学习兴趣、生活体验和认知水平出发，倡导体验、实践、参与、合作与交流的学习方式等教学理念。教师不再是课程的执行者，而是课程的开发者、决策者、分析者。因此，笔者遵循新课程"以人为本"的新观念，创设各种合作学习的活动，通过单词记忆比赛，来巩固学生所学的单词，使单词学习不再那么枯燥，让学生能有兴趣地学习英语单词，也促进了学生们课后自学的积极性。

（3）增加每位学生课堂参与的机会和发挥个性特长的机会，在参与中培养学生的合作精神、团队精神，以及相互学习、资源共享的意识；在活动中引导学生不断整合已经学过的知识，进一步提高语言的运用能力，即培养学生的记忆、观察、思维、想象能力和创新精神。

2. 本节课的不足之处

课前学生的紧张情绪没有得到很好的缓解，导致学生在接下来的环节中不能真正进入角色。另外，在进行练习时，学生不愿表现自己，讨论、交流和活动也不充分。

3. 今后改进的方向

在今后的教学中，应该多考虑给那些在学习上有一定困难的学生创造更多的可以成功的机会。

人教版 *Go for it* 七年级（下）Unit 9 What does he look like? 写作课教学课例

潘淑红

一、教材分析

本单元的教学核心项目是"描述人的外貌（Describe the appearance of a person）"，涉及讨论人的身高、体重、发型、面部特征及其着装等语言项目。教材内容围绕着描述人的外貌特点展开，让学生学会谈论人的身高、体重、发型、面部特征及着装特点，以人的外貌特征为主线，兼顾交际功能的学习，以一种循序渐进的生活化的学习程序，引导学生学会用英语比较准确、熟练地描述人物外貌特征，并在此基础上进行拓展，添加对性格和兴趣爱好的描述，使人物形象更生动具体。所以在任务型教学活动中，教师要积极为学生创设情境，将所学语言知识与学生的实际生活联系在一起，引导学生大胆表达，从说词、说句到说语法，一步步地进行语言输出，为后面的写作做好铺垫。在形式多样的课堂活动中，学生逐步领悟写作方法、感知写作技巧，最终达到以说促写的目标。

二、设计思路

本节课是一堂写作课，是对学生语言知识点的综合应用和检测。如何引导学生在从口头输出到写作输出的过程中体会写作方法、领悟写作技巧，是一个重难点。新教材要求学生全面发展，而学生的发展是英语课程的目的。所以在本堂课，笔者运用任务型教学，根据学生实际情况进行"教材分析"和"教材整合"，调整教学内容、教学任务，尽可能地符合学生的认知水平。通过引导学生观察、归纳、小结，开展人物描写素材、小组讨论活动等多种活动形式，激发学生的参与热情，从说词、说句到说语法，一步步引导学生口头输出，感悟写作方法，逐步突破教学重难点，为写作做好铺垫。

三、学情分析

（1）七年级学生好奇心强，求知欲望强，对身边的新鲜事物特别容易感兴趣，具有较强的模仿能力，敢于表现自己，有利于本课写作教学的开展。

（2）知识技能方面：虽然有前四课时的铺垫，但学生在具体运用上，尤其在语篇的整体把握上还有一定的障碍，所以引领学生分析语篇结构、体会写作技巧非常重要。

四、语言知识目标

1. 写作目标

（1）能运用本单元出现的描写外貌的词组及句型，比较准确、熟练地描述人物外貌特征，并在此基础上进行拓展，添加对性格和兴趣爱好的描述，使人物形象更生动具体。

（2）掌握基本的写作方法，顺利展开写作，提高写作水平。

2. 情感目标

（1）尊重他人，树立正确的审美观，学会用欣赏的眼光和语言去描述一个人，不可以貌取人，学会取他人之长，以完善自我。

（2）能在小组活动中积极与他人合作，共同完成学习任务，尽情享受学习的乐趣。

五、教学重难点

（1）教学重点：掌握本单元单词、短语，描述人物外貌特征并适当进行拓展。

（2）教学难点：写作方法总结和写作技巧的渗透。

（难点突破措施：①创设情境，将所学语言知识与学生的实际生活联系在一起，从说词、说句到说语法，一步步地进行语言输出，为后面的写作做好铺垫。②引导学生在运用中归纳总结写作方法，在范文对比中体会写作技巧，对学生进行有效的写作指导。③通过习作展示，鼓励学生自己纠错，突破重难点。）

六、教学用具

多媒体课件、课本。

七、教学过程

第一部分：导入新课（Warming-up and leading in）

通过视频导入，以听促说，知道在特定场合下准确描述人物外貌特征的重要性，轻松导入写作话题，此处可融入思政元素。

第二部分：以说促写（Before writing）

活动一：比比谁想到的词最多？

图片展示不同的头发和发型，鼓励学生尽可能多地说出描写人物头发及其他面部特征的词汇。

用同样的方法引导学生尽可能多地说出描写人物体格、高矮等特征的词汇。

活动二：说句（Brainstorm：Who says best？）

引导学生用"he/she is..." "he/she has ..."句型正确描写人物的外貌特征，提醒学生注意英语中形容词的正确排序。

通过思维导图和头脑风暴，引导学生积极参与，说词、说句，说出描写人物外貌需要的词汇和句型并适当拓展，不断进行语言输出，一步步为后面的写作做好铺垫。

拓展（Extension）。

通过思维导图，引导学生添加性格、爱好，并分层描述，大胆表达，进一步完成语言的口头输出，引导学生体会写作方法，为后面的写作做好积累和铺垫。由描写一个人的外貌拓展到性格特征，可以使所要描写的人物更加丰满，丰富学生的词汇量，同时也能让学生的语感得到提升。

活动三：比比谁的感悟最好（总结写作方法）

（1）写作热身：通过选择和填空的方式完成短文，引导学生感悟写作方法。

（2）（三段式：总—分—总）Lead the students to sum up the writing

methods.

① 点题，引入——Beginning（Topic sentence 主题句）。

② 叙述要点——Body（some supporting sentences 支撑句）。

③ 表达观点，总结，点睛作用——Ending。

（设计说明：引导学生总结写作方法，突破重难点，为学生写作做好铺垫。）

活动四：比比谁的语感最强（体会写作技巧）

出示两篇关于描述同一个人的短文，引导学生进行比较，找出差异，然后讨论哪一篇更好，为什么？

通过出示两篇描述同一个人的短文，引导学生体会文章，适当地添加一些表并列、转折、原因等系列的连词，会让文章显得更有逻辑、更有层次感，若再能添加一些高级词汇，则更会给文章增光添彩。

第三部分：写作（Writing）

第四部分：展示（Show time）

利用希沃视频展台展示学生的作品，以小组互改的方式，鼓励学生自己纠错，突破重难点，同时激发学生的写作热情。

第五部分：展示（Summary）

最后的思政教育可以引导学生在现实生活中要尊重他人，客观、公正地评价一个人，不可以貌取人。

第六部分：家庭作业（Homework）

八、教学反思

本课是一节人物外貌的写作课，所以笔者用小视频导入，让学生听后描述短片中目击者是如何向警察描述罪犯的外貌特征的，自然过渡到本节课的教学内容，顺利导入写作话题。

根据学生们的年龄特点，在整堂课中笔者本着"以说促写"的教学理念，以任务型教学为切入点，在教学中既突出语言的交际功能，又使语法知识"内化"成正确应用语言的能力，引导学生一步步完成语言的口头输出。为了引导学生将口头输出慢慢过渡到写作，笔者设计了思维导图、头脑风暴、写作热身、范文评析、猜猜他是谁等多个活动环节，通过个人抢答、同桌讨论、小组活动等多种活动形式，将本单元的知识点通过不同的方式体现出来，引导学生先说后写，从说词、说句到说语法，自由拓展词汇和句子，大胆表达，以说促写，说写结合，充分发挥语言表达对写作活动的铺垫作用。学生在一系列的活动中逐步体会和感知写作方法和写作技巧，为顺利展开写作做好了铺垫。

不足之处：在布置任务时给学生思考的时间不够；对学生在语言表达中出现的错误，纠错艺术性还需要进一步加强；时间把握得不太好，写作前的热身活动时间有点长，使得整堂课有点前松后紧；另外，在学生的习作展示这一环节，对学困生的关注不够。

人教版 Go for it 七年级（下）Unit 10 I'd like some noodles.（第一课时）听说课教学课例

张亚男

一、教学背景

本节课为人教版新目标Unit 10的第一课时的学习，教学重点为目标词汇（与食物相关的词汇）和目标语言句型（"I'd like sth. ...."）的学习。

二、教学思路及教学重难点

本节课由食物图片引入词汇学习，这样既能勾起学生的食欲和兴趣，也能让学生明白本堂课的学习内容；然后再由面条图片展开本节课的基础句型，进而进入订餐情景对话练习，开展学生之间的互动，让学生在对话的过程中熟练掌握目标语言句型。

本节课的教学重点在于让学生掌握目标语言句型。

三、教学过程

第一部分：导入新课

在引课这一环节，由图片勾起学生的食欲和兴趣，很快地将其带入课本所学的内容当中。在呈现面条图片的同时，展开问题"What's in them？"学生便开始回答"carrot""egg""tomato""beef"，而这些均是本节课要掌握的词汇。

第二部分：新课讲授

1. 由一个面馆的图片，引出句型"I'd like..."

2. 通过呈现特色面条的图片，带领学生学习面条的种类

在这个环节的教学过程中，笔者把单词融入句子当中进行教学，让学生们理解词不离句，活用单词。

3. 出示图片，学习面条的分量的表达方式

提问方式："What size of noodles would you like？"

4. 运用已经学过的目标语言句型开展对话

教师自己设计了面馆服务员与顾客之间的一个订餐对话，让学生在情景对话练习中，理解并掌握本节课的目标语言句型。由于多媒体上有图片和英文提示，学生们可以根据图片来练习对话。在此过程中，教师在教室里走动，指导学生们进行有创意的对话。比如，有的学生问"我可以点餐吗？"该怎么说？——"May I take your order？"同时，启发学生开动脑筋，让学生给这个对话再添加一些内容。对话呈现的结果令笔者很惊喜。比如：有些学生添加了"Would you like something to drink？""Would you like something else？"在语言的学习过程中，教师一定要注重对学生思维的拓展。

5. 听力训练

在听的过程中，教师训练学生在练习本上边听边写，以巩固本节课的重点词汇和句型，而这对于学生们而言，并无难度，完成较好。听力的训练要注重语言的输入和输出相结合，才会更快地提高学生听的效率，同时锻炼学生听的注意力。

6. 分角色朗读对话

让学生们大声朗读小对话，并感知里面的语言点。在朗读之前，教师设计了几个小问题：

（1）Where are they?

（2）What kind of soup would Sally like?

（3）What size of soup would she like?

（4）What food does Sally order at last?

学生们带着这几个问题大声地去朗读，并迅速地找出答案，限时三分钟。阅读训练应贯穿于每节课之中。这虽是一篇小对话，但学生们不应该仅限于读

完就行了。在平时的教学过程中，笔者一直注重对学生思维的启发和阅读能力的培养，这也应该是一个长期的过程。

第三部分：家庭作业

（1）Make up a short conversation about how to order food.

（2）Design some noodle specials.（colorful pictures with English words）

第四部分：板书设计

Unit 10 I'd like some noodles.（Section A 1a-2d）

Noodle House：

Special 1：beef and tomato noodles

Special 2：chicken and potato noodles

Special 3：mutton and carrot noodles

Vocabulary：noodles，beef，chicken，mutton，carrot，tomato，potato，cabbage

Sentences：1. What kind of noodles would you like？ I'd like...

2. What size of noodles would you like？ I'd like a... bowl.

3. Are there any vegetables in the beef soup？

4. May I take your order？

四、教学反思

通过本节课的讲授，笔者发现了自己在课上的一些好的做法，但也发现了自己的一些不足之处。

（1）引课简单明了。通过展示教师自己制作的美食，贴近了学生们的生活，激发了他们的兴趣，也让学生们了解了英语老师是一个热爱生活的人。此时，笔者也适时地对学生进行了思政教育的贯穿，引导学生们要热爱生活、热爱美好事物。

（2）重视对学生思维的连续性启发。注重培养学生语言学习的创造力。由简单的词汇学习谈起，词汇并未单独分开学习，而是融入句型当中来学习，再把句子顺理成章地带到对话当中。呈现出一个完整的学习链：词融于句，句融于篇。在对话的练习过程中，笔者注重对学生进行语言的指导和思维的启发，最终呈现出一些高质量的对话。

（3）不足之处：在课上，注重对学生听、说及读的训练，忽略了写的练习，只是在听力练习时，添加了写的训练。由此，笔者要充分计划好各部分练习的时间，不能顾此失彼。此外，板书的设计不够整齐、美观，应添加一些设计感，应该以面馆为核心，以特价品来呈现各类面条的学习，还应再加一些拓展的食物内容，如汤、米饭、饺子之类的。

在十几年的教学生涯中，笔者深深地感受到当好一名英语教师的不易。对于每一堂课，笔者都会精心去设计，认真去准备，充分做好课堂的预设。在教的过程当中，笔者在不断反思，不断学习，不断跟学生们一起成长。唯有不断反思，不断学习，才能更好地发展自己。

人教版 *Go for it* 八年级（上）Unit 5 Do you want to watch a game show? Section B 2a~2e 阅读课教学课例

陈 密

一、教学目标

（1）认读并背记下列词汇和重点词组：culture，famous，appear，become，rich，successful，might，main，reason，film，unlucky，lose，ready，character，think of，come out，one of the main reasons，such as，be ready to，try one's best，in the 1930s，face any danger，并能在句子中灵活应用。

（2）认识并学习使用动词不定式作宾语的句子，并能够熟练运用。

（3）阅读短文，获得相关信息，提高学生们的综合阅读能力。

（4）思政教育：了解文化既是民族的，又是世界的。

二、教学重难点

（1）教学重点：学习下列重点短语：think of，come out，one of the main reasons，such as，be ready to，try one's best，in the 1930s，face any danger，并能在句子中应用。

（2）教学难点：学习使用动词不定式作宾语的句子，并能够熟练运用。

三、教材处理

调整顺序，教材整合。

四、教学方法

用视频导入的方法，引入新课"cartoon character"，引出著名卡通人物"米老鼠"（Mickey Mouse）。

五、教学过程

第一部分：导入新课

用视频（迪士尼乐园介绍）导入，引出著名卡通人物"米老鼠"。

评析：老师借助学生熟悉的米老鼠，借助视频和图片及形象板书卡通画充分激发了孩子对本堂课的兴趣。

本课的听、说、读、写活动都围绕 Mickey 展开，前两节课以听、说为主引入了这个话题。本节课先以看的形式进行讨论，然后介绍著名卡通人物米老鼠。每节语言课都离不开"说"，因此，教师要千方百计为学生创造"说"的情境，恰当引导学生预习，生成新知。下面就是对自学能力的检验。

第二部分：自主学习

自学课后 P126 页中 P37 的生词，预习 2b 课文，认读并背记单词和短语，完成下列预习任务。课前检查作业完成情况，及时改正错误并进行记忆。

（1）划分节奏，试拼读。

culture famous appear become rich successful might main reason common film unlucky lose girlfriend ready character simple

（2）阅读2b，词组查阅。

① American culture

② first appeared

③ one of the main reasons

④ face any danger

⑤ such as

⑥ walk around

⑦ try one's best

⑧ over 80 years ago

⑨ come out

⑩ become rich

⑪ a common man

⑫ in his early films

⑬ be ready to do

⑭ the first cartoon with sound and music

⑮ in the 1930s

评析：鼓励并引导学生预习，让优秀力量注入课堂，让学生当老师，巩固并生成新知，进而彰显榜样的力量。

第三部分：学习教学目标中展示的生词和词组，熟读、记住汉语和拼写

评析："三维"目标展示一目了然，学生带着任务学习，效果好。

第四部分：阅读 2b 短文

判断下列句子哪个是各段的大意。

A. Why Mickey became popular.

B. Mickey is still famous today.

C. The background（背景）of Mickey.

评析：阅读策略的教授让学生们以最快的速度找到各段的段落大意（找关键词："popular" "famous" "background"）。老师在教授"background"一词时是这样说的："That means where, who, what and when."

第五部分：学生示范读第一段，其他同学认真倾听、学习并自我纠正发音且迅速找出问题的答案

What is Mickey Mouse a symbol of?

What does Mickey look like?

Can you find the two sentences（句子）with "first"?

评析：示范朗读的学生声情并茂，很有带动感。这三个问题设计简单，但老师要求学生用完整的句子回答问题，效果好，学生很享受说英语。

第六部分： 小组开展活动，每组的 leader 导读，组员们合上书认真听读，并完成关于 Mickey 的文章

Some people _____ ask how this cartoon animal _____ so _____. One of the _____ reasons is that Mickey was _____ a common man, but he always _____ to face _____ danger. In his early films, Mickey was _____ and had many _____ such as losing his house or girlfriend, Minnie. However, he was always _____ to try his _____. People went to the cinema to see the "little man" _____. _____ of them wanted to be like Mickey.

然后回答问题：

（1）Was he always lucky?

（2）What were his problems?

（3）What did he do with the problems?

评析：老师巧妙地把教学重难点通过学生们听读、填写的内容呈现出来，水到渠成。问题也一个一个迎刃而解。

第七部分： 自读课文第三段，并判断对错

Mickey became the first cartoon character to have a star on the Hollywood Walk of Fame.

Today's cartoons are as simple as little Mickey Mouse.

Mickey is still famous today, and everyone loves him.

评析：以自己喜欢的方式进行自主阅读，并判断正误。老师要求学生在原文中找到答案，画出来，并用自己喜欢的语音、语调讲出来。

第八部分： 按照思维导图复述全文（新增教学环节）

评析：教会学生画思维导图，教会学生用回忆的方法巩固新知。这是一种挑战，也是一种机会和尝试。

第九部分： 播放《霸王别姬》在美国洛杉矶杜比剧院公演的视频

潜移默化地让孩子们不仅了解国外知识，更要以中国文化为荣！

评析：运用美国上映《霸王别姬》进行德育渗透，彰显了文化自信，对学生潜移默化地进行了爱国主义教育。文化既是民族的，又是世界的。并进一步告诉学生们：学好英语的目的就是要把我们国家的文化传播出去，彰显文化自信。

第十部分：课后作业

（1）Do the exercise book P57~P58.

（2）Read 2b fluently.

第十一部分：课后反思

一堂好课应是让学生们有变化、有效率、有生成、有意义，让教师自己没有缺憾的。学生的变化在于会按音节读背单词了，小组学习要有组织，一切行动听指挥。学生领会了老师的意图后，方能提高效率，共同完成任务。讲英语要用完整的句子，阅读按策略层层递进，学生通过活动亲自体会语意，比教师单纯讲更能解理解到位，留下深刻印象。对教材的适当整合和取舍及补充是非常必要的。

不足：小组合作之前应先介绍组长的职责；让学生利用词组组句时，应该多给学生一点时间，为后面复述全文打下基础；建议课前热身环节可以留一些时间进行小组分享，检验热身效果。

人教版 Go for it 八年级（上）Unit 10 If you go to the party, you'll have a great time! 听说课教学课例

王晓瑜

一、课前分析

1. 教材分析

本课是新目标英语八年级（上）Unit 10 If you go to the party, you'll have a great time! 的第二课时，是听说与拓展课，主要是以"birthday party"为主题，通过"Talk about consequences"来继续学习"if"引导的条件状语从句，"主将从现"。巩固一般将来时及一般现在时的知识点。话题贴近学生生活，鼓励学生对所拓展的生日聚会礼仪展开丰富的想象。

2. 学情分析

初二学生到本单元已学过一般将来时和一般现在时，已了解了这两种时态的肯定句、否定句、一般疑问句等形式的变化，但"if"引导的条件状语从句，在接受上会有一些难度。在口语运用中判断"if"条件句的主句、从句也许会存在一定的困难，在运用一般将来时和一般现在时时也许会产生混淆。

3. 设计理念

本课以"birthday party"为主题，通过三步骤：生日聚会前的准备—生日聚会中的礼仪—生日聚会后的假设来继续学习"if"引导的条件状语从

句，主将从现。其次，通过创设情境让学生在语境中感受与运用"if"引导的条件状语从句。思维导图使学生更清晰本课的学习内容。最后，通过小组活动，在学生现有的基础上做好对已学知识（邀请）的巩固和未学知识（礼仪）的链接。

4. 教学目标

（1）知识目标

能根据语境来学习新授词汇与短语，并理解其汉意"upset""taxi""advice""give sb. some advice""get up late"。

（2）能力目标

通过在"birthday party"情景中的运用及推测练习句型"if..., ...will..."主将从现的句式，运用"if..., will..."谈因果关系。

通过"birthday party"前、中、后三个阶段设计的小组活动，运用"if..., ...will..."句式。

（3）情感目标

了解社交场所的礼仪和习惯。

5. 教学重难点

（1）重点

① Future tense with "will"。

② 目标词汇，以及核心句型"If..., I will..."。

（2）难点

运用"if"引导的条件状语从句对可能发生的情况进行预测。

6. 教学方法

多媒体辅助教学、情境教学法、任务教学法、小组合作。

7. 教学工具

an English book、a computer、blackboard、PPT。

二、教学过程

表3-1 本课时教学设计

教学环节	教师活动	学生活动	设计意图
Step 1 Warm-up	Share an old saying: A good beginning is half success. T: So let's listen to a wonderful song *If you are happy*. Play the song—If you are happy.	Ss: Listen to the song —*If you are happy*. And follow the song with actions. ...	帮助学生轻松地进入本课英语学习中。欢快的课堂氛围的创设有助于提高学生的积极性，通过跟唱歌曲及配动作把学生引入课程中来，让其再次感受"if"条件句的使用
Step 2 Lead in and revision	T: After listening to this song, I feel relaxed and happy. So, if I am happy, I'll hang out with my daughter. T: What will you do if you are happy?	Ss: Follow the steps to answer the questions. If..., ...will...	通过延续歌曲中的If you are happy，联系实际，运用"if"引导的条件状语从句谈谈自己的行为，以复习上节课内容
Step 3 口语问答，引出主题"birthday party"	1.T: Show a picture of a student in the class. Can you guess who she is? 2. T asks F: When is your birthday? 3.T: Will you have a birthday party? Do you want to invite your best friends to come to your birthday party?	1.S: Fan Jiangnan 2. Fan: Dec.29th 3. F: Sure. Can you come to my birthday party?	通过一张学生的照片，吸引学生的注意力及激发学习兴趣，引出本课的主题"birthday party"，设置情境
Step 4 Before the birthday party （Group work）	1. T: F is worried about how to organize a birthday party. Can you give her some advice? 2. Can you give her best friends some good advice?	1.S: If you have a birthday party, you will... 2.S: I think if he / she goes to the party, he / she will...	学生通过group work用"if"引导的条件状语从句对过生日的同学及被邀请的同学给予聚会前、组织聚会及参加聚会的建议。巩固练习有人称变化的"if"引导的条件状语从句。分两部分：对组织者和参与者给予意见，更加清晰

续表

教学环节	教师活动	学生活动	设计意图
Step 5 At the birthday party（Group work）	1.T：If you go to Fan Jiangnan's birthday party, what will you do? Will you be polite（礼貌的）at the party? According to the form, give us some advice.（talk about the birthday party manners） 2.Teacher's advice. 3.Finish 3a.	1.S：if..., ...will... Do the group work. 2.summary："if"引导的条件状语从句遵循主将从现原则。 3.Finish by themselves and check the answers.	通过group work的形式做好本节课的拓展内容birthday party manners 充分发挥小组长的作用，带动大家一起加入讨论中。另外，做好知识的迁移
Step 6. After the birthday party（Group work）	T：If you go to Fan Jiangnan's birthday party, you won't go home too late. Because we have a lot of classes on Dec.30th. Game：畅想December 29th and 30th（句子接龙）	1.If I go home late, my mother will be angry. If my mother is angry. ...will / won't... 2.If I don't finish my homework, I will go to bed late. If I go to bed late, ...will / won't... 3. ...	生日聚会后，以班主任的建议引发学生的思考，运用"if"引导的条件状语从句以接龙的形式激发学生的兴趣，了解学生对本课的重难点的掌握程度。以比赛的形式进行，更能营造良好的学习英语的氛围，激发小组竞争意识
Step 7. Feedback	Let's relax. Choose a number that you like and try to finish the tasks.	Choose a number that she / he likes and try to finish the tasks carefully.	以较轻松的选择数字回答问题的方式，以各种题型检测学生对"if"引导的条件状语从句的掌握情况
Step 8. Homework	1.识记种种"开心"！ have a good time have a great time have a nice time have a wonderful time have fun enjoy oneself 2.Writing：If I am a party guest, I will...	Finish the homework after class.	结合对聚会中的聚会礼仪的探讨，完成写作内容，巩固句型

续表

教学环节	教师活动	学生活动	设计意图
板书设计 Unit 10 If you go to the party, you'll have a great time! Period 2 Section A（Grammar focus—3c）听说课			

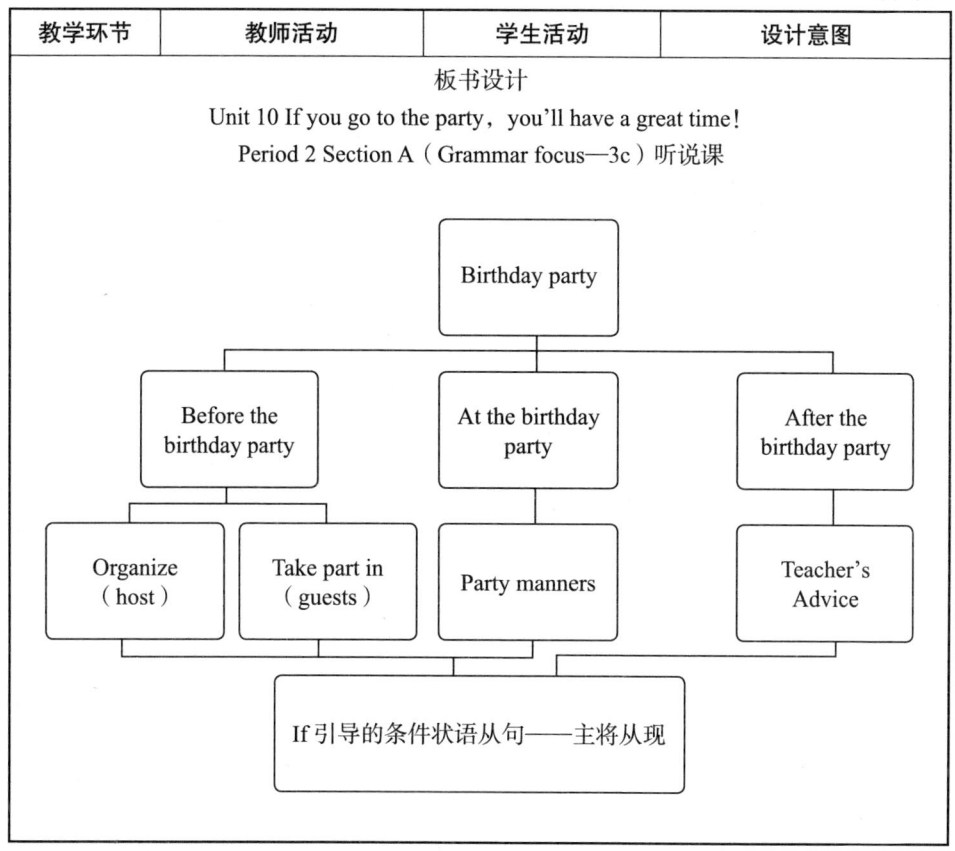

三、课后思考与探讨

1.教学自我反思

本节课为"Unit10 If you go to the party, you'll have a great time!"的第二课时，继续学习"if"引导的条件状语从句"主将从现"。

本课以"birthday party"为主题，通过party前的准备、party中的礼仪及party后的思政元素的渗透三部分内容，巩固语法知识点——"if"引导的条件状语从句。

以一首*If you are happy*的歌曲引课，帮助学生轻松地进入本课英语学习中。欢快的课堂氛围的创设有助于提高学生的积极性，通过跟唱歌曲及所配动作把学生引入课堂中，让其再次感受"if"条件句的使用。

课中以一名本班学生为实例，引发学生的关注，让大家齐提意见来练习

"if"引导的条件状语从句。学生能积极主动地加入课堂中，表达自己的观点。

课后，以班主任的一张照片及建议，再次用接龙游戏的形式巩固"if"引导的条件状语从句。学生积极性很高，练习得较扎实。另外，思维导图的加入使本堂课的进程看起来更清晰。整堂课上得很轻松、很愉快，学生的参与范围较广、积极主动性较好。但也有需要改进的地方：板书的思维导图写得不够完整；课中的白板展示句型，落实笔头功夫未进行；课的结尾有点仓促。

2. 教学点评

（1）课堂整体设计与实际相结合，以一个主题"birthday party"，从多个角度的小组活动练习重难点"if"引导的条件状语从句，更能引发学生的学习兴趣。

（2）本堂课亮点凸显。以歌曲作为课堂的引题，在欢快的歌曲中感受重难点句型；课堂中运用班级中学生的图片、班主任的图片，引发学生的注意力及调动孩子的积极性；另外，课中运用接龙的游戏练习重难点句型，锻炼学生的应变能力及掌握知识的情况；课后的反馈运用选幸运数字的方式进行，更有新鲜感。整堂课在情境创设的环境下进行。

（3）在"birthday party"的主题背景下，根据实际情况做适当的思政元素的渗透。

（4）根据主题设计了较丰富的小组活动，小组长带领大家练习，注重实效，学生的参与率较高。组内互学，互帮互助，氛围较好。

（5）教师的亲和力强，与学生融为一体，畅所欲言，课堂氛围轻松愉悦。

（6）将思维导图作为板书，思路清晰，简单明了。但在思维导图中，最后的结束部分只是一个知识点，不是很理想。

（7）课中，在party manners之后加入了语法的探讨，显得破坏了良好、轻松的语境，应该删除。

人教版 *Go for it* 八年级（下）Unit 5 What were you doing when the rainstorm came? 阅读课教学课例

王淑蓉

一、教材的地位和作用

本单元以"难忘的事件"为中心话题，以讲述过去发生的事情为功能。本篇阅读是以美国历史上两个重大的突发历史事件为背景，通过人们的回忆讲述过去正在发生的事。学生在阅读过程中应掌握运用过去进行时进行提问和叙述的能力，同时也可以训练学生对故事或事件中时间、地点、原因、人物、结果等主要信息的提取能力及对事情发生先后顺序的把握。学生进一步学习一般过去时和过去进行时的搭配使用。这一话题非常贴近学生的生活，是他们愿意谈论的话题，符合学生的认知结构和年龄特征，它将为学习后面的单元打下坚实的语言基础。

二、"三维"目标及重难点确立

据新课标理念的要求和教材特点，笔者从知识与技能、过程与方法、情感态度和价值观三个维度进行整合，制订如下教学目标。

1. 知识目标

能根据语境来学习新授词汇与短语并理解其汉语意思，如"shocked""in

silence""take down""terrorist"。

2. 能力目标

通过获取标题和段落首句的信息来培养学生快速阅读的技巧。

学生通过参与本节课阅读任务，利用本节课所学的知识，谈论过去发生的事件，并能够提取故事或事件中的时间、地点、原因、人物、结果等主要信息，还要厘清事情发生的先后顺序，能够对多内容进行改编整合，培养创设能力。

3. 情感目标

培养学生要适时地了解国家大事，热爱正义、和平，珍惜当下，懂得感恩；培养学生在困难面前互帮互助的优良品质。

4. 教学重难点

（1）教学重点：能用一般过去时和过去进行时讨论过去发生的事件。

（2）教学难点：利用本节课所学的知识，谈论过去发生的事件，并能够提取故事或事件中的时间、地点、原因、人物、结果等主要信息，还要厘清事情发生的先后顺序。

三、学情分析

在前节课的学习中，学生基本上理解了过去进行时的用法，但是如何运用这一时态来谈论过去的事情，这种综合语言的应用能力是学生极度欠缺的。通过文章的学习，学生在理解、感悟的基础上进行模仿，综合运用目标语言进行描述是本课的难点。但是，现阶段的学生由于语言环境的欠缺、英语学习兴趣的下降、阅读理解能力的薄弱，导致他们在阅读课上提不起兴趣，甚至产生畏惧情绪。如何为学生营造一个轻松的语言阅读环境、激发学生的阅读欲望、增强学生综合语言运用能力，是本节课的主要目标。

四、教法学法

在本节课中，笔者以任务贯穿始终。

1. 读前——话题热身

引出描述事件的因素。

2. 读中——技巧链接

（1）通过快速阅读开头、段落首句及文化背景三个技巧，让学生从整体上感知本篇阅读的脉络结构。

（2）通过细节阅读、分段来厘清文章中两个事件发生的顺序，了解事件发生的时间、地点、原因、人物、结果等主要信息，并完成相关表格任务。

3. 读后——学以致用当堂创设

让学生以四人为一小组的形式进行交流、合作、竞争来完成这几个任务，从而达到本堂课的教学目标。

通过每个任务的引导，激发学生主动参与的热情，培养学生积极思考的良好学习习惯，突出教学活动中学生的主体地位和作用；同时，每个任务训练学生的语言能力的侧重点，也各有不同，分别侧重于训练学生的听、读、说能力，从而将教学目标无形地融于几个任务之中；最后，把任务活动落实到小组中进行，让学生可以有更多的时间来运用英语表达自己的思想。

五、教学过程

第一部分：学习目标

通过展示本节课的学习目标，学生要了解本节课需要掌握的知识。通过简单的问候，使学生集中注意力，做好上课前的准备。

第二部分：带入问题

通过设问"你知道吗？"，展示十九大和平昌奥运会的照片，要求学生进行描述，可涉及地点、人物、时间、起因、经过和结果等因素。

通过培养学生阅读题目和首句的策略，可以有效地帮助学生厘清文章的脉络结构、弄懂文章的大意，尤其可以培养学生提炼文章主旨的能力。

第三部分：了解文化背景

展示马丁·路德·金的图片，询问学生这是谁、你了解关于他的什么事情，并观看相关视频。

通过视频的设计，一是以清晰、直观的方式解答了学生的疑问；二是帮助学生了解阅读背景知识。借助图片、视频、教师的渲染这三个层面的预热，阅读的必要性迫在眉睫。学生在好奇心的驱使下，化被动为主动，在无形中被激起阅读的欲望。

第四部分：仔细阅读

设问："你知道另外一个震惊世界的历史事件吗？我们来看一段视频。"观看后提问发生什么了，学生的感受如何。通过播放911视频，让学生从视觉和听觉上达到共鸣，最终转换成内心的共鸣，培养学生通过视频获取事件发生的关键信息。

六、教学反思

本节课是八年级下册第五单元第四课时，课型为阅读课。本篇阅读则是以美国历史上两个重大的突发历史事件为背景，通过人们的回忆讲述过去正在发生的事。首先，学生在阅读过程中运用过去进行时进行提问和叙述，同时学生对故事或事件中的时间、地点、原因、人物、结果等主要信息进行了提取，以及对事情发生先后顺序的把握。其次，学生进一步学习一般过去时和过去进行时的搭配使用。最后，链接实际，回归生活，运用讨论事件的因素，让学生讨论身边发生的事件。通过本篇阅读的学习，学生大致掌握以下三个阅读策略：读开头、读首句和读文化背景。除此之外，学生在描述事件的阅读中会找到表示who、where、when、what、how的关键因素。但是，本节课还存在以下问题。

（1）阅读的事件设计从一开始就提高了难度，没有考虑到学生自身的知识储备，应从学生的实际出发。

（2）在学生任务的准备环节中，时间给的不足，例如阅读时间不足、口语准备时间不足，导致学生在展示的时候参与率不高。

（3）应该根据本篇阅读设计出符合课标的任务后再进行拓展。

（4）教师在授课的过程中指令过长。

通过本次授课，笔者发现设计的阅读教学目标及教学设计的过程中也存在问题，希望自己在不断提高理论知识的同时，应注重平时的教学设计和课堂上的应用，多思、多想、多反馈。

人教版 *Go for it* 九年级 Unit 5 What are the shirts made of? 阅读课教学课例

陈 菲

一、初中英语阅读能力的要求

《英语课程标准》中指出："语言技能包括听、说、读、写四个方面的技能以及这四种技能的综合运用能力。"听和读是理解的技能，说和写是表达的技能，这四种技能在语言学习和交际中相辅相成、相互促进。学生应通过大量的专项和综合性语言实践活动，形成综合语言运用能力，为真实语言交际打基础。因此，培养学生的阅读能力是英语教学的主要教学目标之一。

本课时选择的是人教版新目标九年级"Unit 5 What are the shirts made of?"Section B 中的阅读材料 Beauty in common。在教学过程中，主要采用了以任务为引导的方法，将整个阅读教学过程划分为三个阶段：读前词汇准备和预测阅读内容、读中各项阅读任务的完成、读后拓展性语言训练。为了节约时间和吸引学生的注意力，教师采用了多媒体教学。

二、教学过程

（一）阅读前任务设计（pre-reading design）

导入在初中英语阅读课上的作用是不容忽视的。因此，在这节阅读课上，教师用了 30 秒钟的时间为学生播放了一段视频，该视频展示的是剪纸艺术。教师在这个环节的引导语如下："Now, please watch this video together. Can you tell me what it's about in this video？"学生们在观看了这一视频之后，都被视频中的剪纸艺术深深感动，他们纷纷答道："Paper cutting is so beautiful." "As Chinese, we are proud of our traditional art forms."

教学策略：在这节英语阅读课上，教师所采取的视频导入方式不仅有效地激发了学生的学习兴趣，而且将学生带入一定的情景中，把他们的思路拉到和本节阅读材料相契合的内容上来。

（二）阅读中任务（while-reading task）

1. 略读，了解主旨大意

快速阅读是初中英语阶段应该重点培养的一种阅读技巧。通过这一阅读技巧，学生可以快速地获取本文中的主要大意，了解文章作者的主要思想。因此，对于本堂课上的这一篇文章，教师要求学生利用快速阅读的方式，完成如下几个任务：

（1）What is the passage about?

（2）Which forms are mentioned?

（3）Read and match the general topic with each paragraph.

教学策略：对于上述的三个阅读任务，教师要求学生在8分钟之内通过快速阅读原文来回答。这样的限时训练可以有效地培养学生快速阅读、跳读的能力，从而使得他们能够在较短的时间内获得文章的主要信息。这对学生在日常阅读训练中快速获取一些相关信息也很有帮助。

2. 细读，获取更多信息

除了快速阅读之外，细读也是教师应该重点培养学生掌握的一种阅读技能。细读可以弥补快速阅读的不足，使得孩子们能够抓住文章中一些关键的细节信息，这对提高学生的阅读水平、帮助学生更深层次地理解相关语篇有很重要的意义。对于本节课上的这篇文章，教师要求学生运用 scanning 的阅读策略，完成如下几个任务：

Task 1 Read Para.1 and answer the question.

What do traditional Chinese art forms try to show?

Task 2 Read Para.2&3&4 and find out material used and symbol meaning of each form.

Read Para.2 and complete the information about sky lanterns.

Read Para.3 and complete the information about paper cutting.

Read Para.4 and number the steps of making clay art pieces.

教学策略：在这个环节，教师总共给了学生 20 分钟的时间，要求他们详细地阅读全文。学生先独立完成每项任务，然后在小组活动中积极与他人合作，相互帮助，共同完成各项学习任务。在语言学习中，教师鼓励学生提出自己在词汇、语言结构或语篇理解上的问题，并适时给予帮助和指导，并完成上述任务。设计这一教学环节的主要目的是帮助学生能根据不同的阅读目的运用简单的阅读策略获取信息，如：找出段落中的主题句，更细致地挖掘文中的重要信息，理解段落中各句子之间的逻辑关系，加深对中国文化的理解。

3. 赏读，从中受到启发

阅读欣赏也是全面提高学生英语阅读欣赏水平的重要环节。该环节主要是要求学生带着欣赏的眼光去看待语篇和语篇中的中国传统工艺，体会平凡中蕴藏的美丽，在较为轻松的阅读环境中感受这一切。对于本节课的这篇文章，教师则要求学生从阅读欣赏的角度回答下面几个问题：

What do traditional Chinese art forms try to show?

Which art form do you think is the most interesting? Why?

What's the symbol meaning of each form?

教学策略：阅读欣赏对学生提出了更高的要求，同时阅读欣赏环节也能够在一定程度上帮助读者的思想感情和作者的思想感情进行交融，从而能够让学生真正地体会文章的主旨大意，更深刻地体会中华传统工艺所蕴含的中国文化。因此，在本堂课上，教师加入了"阅读欣赏"这样一个环节，用时 5 分钟。

（三）阅读后任务（post-reading task）

通过前面几个环节的教学，学生对课文的信息有了全面的了解和理解。为了让学生成功运用所掌握的语言形式，在读后阶段，教师运用思维导图对阅读内容的结构进行梳理，把握文章的写作脉络；在复述任务环节（6 分钟）为学生提供了语言输出的机会，同时也有效地提高了学生的记忆能力，实现了通过阅读培养学生说和写的能力。

教学策略：在读后阶段，运用思维导图图解的结构，加上关键词来储存、组织、优化阅读内容，让学生把信息作为一个整体来吸收、分类、理解，帮助学生高效地管理信息，从而能够使学生在教师设定的情景话题范围内创造性地运用语言。

三、教学反思

本节课整体上设计较为合理，思路较为清晰，同时能够按照《义务教育英语课程标准》的要求，全面提高学生的英语阅读能力。教师在教学过程中运用多媒体教学等手段积极调动学生的积极性，通过任务型教学方法，真正体现了学生的主体地位，同时合理安排学生的合作活动，让他们在合作学习中共同完成学习任务，收到了较好的效果。同时，教师能注意在各教学环节之间设计合适的衔接语言，使各个教学环节自然过渡，让学生在教师的引导下开展学习活动。

通过这节课，笔者也体会到，阅读教学应注意以下三个方面。

（1）重点培养学生的阅读技能。阅读教学要培养学生的阅读能力，教师应该把握好阅读技能培养和语言学习之间的平衡，可以根据每篇文章的特征，有针对性地设计阅读技能训练活动。通过本节课，学生掌握了新的阅读技巧。

（2）合理设计小组合作活动。在教学设计过程中，教师应重视对学生进行知识的掌握和能力的培养。阅读能力是个人能力的体现，考查的是学生个人自主的阅读水平，所以并不需要过多的小组合作。本节课先要求学生独立完成，再以小组合作方式讨论、补充及完善任务答案。

（3）重视阅读和写作的结合。一方面，阅读和写作在语言特征和语篇特征上有很强的共性，阅读有益于写作；另一方面，课后的写作任务与本节课阅读语篇相关，是模仿性写作，以达到对学生进行知识的内化、迁移，从而提高学生的语言实际运用能力。

人教版 Go for it 九年级 Unit 8 It must belong to Carla. Section B（1a～1d）听说课教学课例

苑凤华

一、教材版本与册数

新目标人教版九年级上册。

二、单元名称

Unit 8 It must belong to Carla.

三、课时

Section B 1a～1d（第4课时）。

四、课型

Listening and Speaking（听说课）。

表3-2 本课时教学内容分析

教材分析	【本单元话题】 本单元以"物品归属"为话题，以"谈论推断"为交际功能，重点让学生在这些语境中学习和运用情态动词进行推断。 【本单元重点掌握目标】 1.掌握情态动词must、might、could、can't表示推测的用法。

续表

教材分析	2.能够根据相关的信息进行合理推测。 【教材内容拆分分析】 本部分内容通过对疑似外星人事件的讨论来对Section A所学知识进行巩固、拓展和提高。 1a～1d部分落实听说训练，在Section A 的基础上进一步拓展听力输入和拓展话题内容。除了进一步巩固情态动词表推测的用法，还旨在培养学生从听力材料中提取本单元目标语言和重要信息的能力。 【通过本单元的学习，学生需掌握哪些综合技能】 通过本单元的学习使学生学会谈论物品的归属及神秘事件，掌握教材所呈现的与本话题相关的单词和运用情态动词进行推断的用法，培养运用目标语言进行听、说、读、写等技能。
教学目标	语言知识目标： 1.学习掌握下列词汇及句型：land、alien、suit、run after He could be running for exercise. They must be making a movie. 2.学习运用情态动词must、might、could 和can't对正在发生的事情进行推测。 3.继续学习根据相关的信息进行合理的推测。 情感态度价值观目标： UFO和外星人都不是真的，作为学生应该努力学习，在将来去探索宇宙的奥秘。
教学重难点	教学重点： 1.学习1a～1d部分生词和词组，达到熟练运用的目标。 2. 学习情态动词与现在进行时的连用。 教学难点： 1.写一个句子描述1a图片中的内容。 2. 写两三个句子来编写完成这个故事。
建议教法	情景交际法，任务型教学法，听说课的"3P"教学模式： P—呈现（语言输入） P—操练（机械操练；听力训练） P—运用（语言输出） 设置情景意义操练： 设计听后活动任务，先模仿再迁移。 听后设置任务，提升学生语言运用能力。
教学流程	（详见相应教学设计）

教学评价	1.本课时的目标设计比较合理。 2.教学过程思路清晰，始终围绕教学目标。 3.课堂活动多样化。活动的设计充分调动了学生的积极性，发挥了学生的主观能动性。

五、本课时教学设计

表3-3　本课时教学设计

步骤	过程	措施（教师活动与学生活动）	设计意图	持续性评价
预备与激活先期知识	Step 1 Revision & warming up（5 mins）	1. Show some pictures of some people doing something, cover half of the pictures, and then ask students to guess what the people might be doing. Guide them to guess with modal verbs—must/could/may/can't. 2. Show the students some pictures of UFO and aliens to lead in the topic in this class. T: Are you interested in the UFO or aliens? T: How do you think of them? Do you like them?	1.展示一些部分被遮挡的图片，让学生猜测图中人物正在进行的动作，能迅速激发学生的兴趣，同时又能练习本课重要句型，真正做到了在玩中学。 2.让学生观看关于UFO和外星人的图片，导入本课话题，激发学生的学习兴趣，为后面的学习提供背景知识。	学生是否了解关于UFO和外星人的一些知识
获取新知识	Step 2 Pre-listening（听前）（10 mins）	1. Work on 1a. Read the words in the box and have students repeat several times. Invite different students to explain the meaning of each word in their own words. 2. Get students to look at the three pictures in 1a carefully. T: Use the words from the box to write a sentence about each picture. 3. Ask a student to say the sample answer to the class. Get students to complete the activity individually. 4. Check the answers on the blackboard.	1.看图说句子，旨在帮助学生对听力内容进行预测。	学生是否能够通过观察图片，运用目标语言进行合理推测

续表

步骤	过程	措施（教师活动与学生活动）	设计意图	持续性评价
获取新知识	Step 2 Pre-listening（听前）（10 mins）	5. Look at the pictures in 1a again. T：Why do you think the man is running? S1：He could be running to catch a bus. He might be late for work. S2：Someone might be running after him. T：What could be running after him? S3：A dog might be running after him. Or an alien might be running after him.	2.引导学生根据图片内容，帮助学生运用情态动词与现在进行时对正在发生的事情进行合理推测。	
深度加工知识	Step 3 While-listening（听中）（15 mins）	1. Get students look at the three pictures carefully and guess the order. T：If these pictures were from the same story, which one do you think might come first? S1：I think Picture B might come first because... S2：I think Picture A might come first because... 2. Play the recording the first time. Students only listen. Play the recording again. This time students listen and number the pictures. Then check the answers. 3. Encourage students to write two or three sentences to finish the story. T：What might be happening next? 4. Work on 1c.Listen to the same recording again. And complete each sentence. Explain the meaning of the word creature to the students. T：Read the sentences and try to guess the answers.	1.学生猜测图片顺序，为后面的听听力给图片排序做准备。	1.部分学生应该能利用此策略获取有效信息

206

续表

步骤	过程	措施（教师活动与学生活动）	设计意图	持续性评价
深度加工知识	Step 3 While-listening （听中） （15 mins）	T：Listen to the recording and write down the words. You can write the first letter of each for saving time. And write the whole word after listening. 5.Check the answers by the following way： They see a man running. The man says he could be running for exercise. The woman says he might be late for work. 6. Show the answers on the screen so that students can check the spelling and other details of their answers.	2. 培养学生听前预测和聚焦关键信息的判断能力及关注细节问题的听力策略。听第一遍时没有播放完整的对话，就是不让学生过早地知道故事的结尾，而让学生分组讨论并续写故事，培养学生积极动脑、动口的好习惯。然后再完整地听一遍对话，让学生对照自己所编的故事结尾与对话中的结尾，看看哪一个更好，更出乎预料，训练他们的发散思维。 3.训练学生口头语言表达能力，有助于学生更好地掌握目标语言。	2.学生是否能够利用发散思维完成给定任务
评价学生学习	Step 4 Post-listening （听后） （10 mins）	1. Listen to the recording again and choose the letters to fill in the blanks. T：Now look at the listening materials and choose the letters to fill in the blanks. Pay attention to the sentences you didn't hear clearly just now. 2. Work on 1d. Point out the sample conversation in the box. Invite a pair of students to read it to the class. SA：Why do you think the man is running? SB：He could be running for exercise.	1.学生看着听力材料再次听录音，扫除在听力中没听清楚或不懂的语言点。	检测学生是否已经掌握目标句型

207

续表

步骤	过程	措施（教师活动与学生活动）	设计意图	持续性评价
| 评价学生学习 | Step 4 Post-listening（听后）（10 mins） | SA：No, he's wearing a suit. He might be running to catch a bus.<br>3. T：Now work with a partner. Start by reading the conversation in the box with your partner. Then role play conversations using information in Activity 2b.<br>4. Get students to work in pairs. Ask several pairs to say their conversations to the class.<br>5. Summary：According to the mind map to retell what we have learned this class.<br><br>```
            UFO & alien
           /     |      \
 The man says... |   What might be
                 |    happening?
 What are they doing?  They see...
 The woman says...
```<br><br>6.Homework：<br>（1）Review the new words and expressions.<br>（2）Make new dialogs with partners, according to 1d.<br>（3）Preview the article Stonehenge—Can Anyone Explain Why It Is There? on P62.<br>当堂检测： | 2.对话形式是语言输出的过程，让学生利用目标句型could/must/might/can't be doing进行情境交际。 | |
| | 教学反思 | 一、用所给词的正确形式填空
1.Look at the boy _____（run）down the street. What's ____（happen）? | | |
```

续 表

步骤	过程	措施（教师活动与学生活动）	设计意图	持续性评价
评价学生学习	教学反思	2.She looks very _____ , she must have seen something _____ . （scary） 3. Every day he runs _____ （catch） a bus. 4. There must be someone _____ （try） to get in the door. 二、单项选择 （ ） 1. –Would you like to go shopping with me this afternoon? –I'd love to. But I'm afraid I _____ . I have lots of work to do. A. can't B. mustn't C. needn't D. may not （ ） 2. –Who is the man over there? Is he Dale? –No, it _____ be him. Dale is much taller. A. mustn't B. may not C. can't D. needn't （ ） 3. –Where is your grandma now? –I'm not sure. She _____ be in the kitchen. A. shall B. may C. need D. must 亮点： 本节课主要以"现在进行时的推测"为主线，让学生在轻松、快乐的任务中由浅入深、从易到难地掌握本节课的重点。整个课堂气氛热烈，学生积极性高、参与度高，较好地发挥了学生的主体地位。 不足： 1.本节课课前对学生所掌握的知识面了解分析不够深刻、全面，导致在听前预测时花费时间较长。		

续表

步骤	过程	措施（教师活动与学生活动）	设计意图	持续性评价
评价学生学习	教学反思	2.对后进生的学习没有设置具体的学习方法。 改进措施： 1.多给学生创造发言机会及练习口语的机会，多鼓励、赞美学生大胆地说，使他们树立信心。 2.关注后进生，对于后进生的教学方法、练习设计、学习问题的解决，以及课堂中可能出现的各种状况，教师要提前想到对应的方法。 3.丰富课堂活动，使课堂活动有创新，激发学生的表现欲。		

人教版 *Go for it* 七年级（下）Unit 6 现在进行时 The Present Continuous Tense 语法课教学课例

李晓明

各位同人，大家好。在今天的语法课课例教学中，我们主要探讨以下问题。

（1）在语法教学活动中如何体现新课标的教学理念？

（2）如何有效地在语法课上组织探究活动？

（3）如何突破重难点？

下面笔者以现在进行时为例，和大家一起探讨。不足之处欢迎大家批评指正。

一、学情分析

现在进行时是七年级的语法项目，我们应该根据七年级学生的心理特点来制订教学措施。七年级学生好奇心较强，学习英语的积极性也较高。所以，笔者尽力设计有效的教学途径，激发学生学习英语的兴趣，引领他们完成学习任务。

二、教学目标

要想完成本次的教学任务，我们必须根据所授内容制订教学目标。

（1）知识与技能：知道现在进行时的含义，认识现在进行时的标志词，了解现在进行时的结构，懂得现在进行时的用法。

（2）过程与方法：认识新知→探究新知→归纳新知→记忆新知→运用新知。

（3）情感态度与价值观：激发学生自主探究与合作学习的乐趣。

三、教学重难点

确定了教学目标之后，就要确定它的重难点，这是本课时重点解决的问题。

（1）教学重点：知道现在进行时的含义，认识现在进行时的标志词，了解现在进行时的结构，懂得现在进行时的用法。

（2）教学难点：掌握和运用"be+doing"结构。

四、教法与学法

知道了重难点，那么怎样让学生学会这些内容呢？下面就需要找出突破重点和难点的途径或方法。

（1）教法运用：情境教学法、任务型教学法。

（2）学法指导：引导感知→自主探究→合作学习→展示才艺→总结提升→挑战自我。

五、教学过程

万事俱备，只欠东风。下面我们就通过任务型教学法和情境教学法，带着学生走向知识，完成现在进行时的"教"与"学"。在教学过程中加强对学生的学法指导，授之以渔。本节课设置了六个教学任务，如图3-1所示。

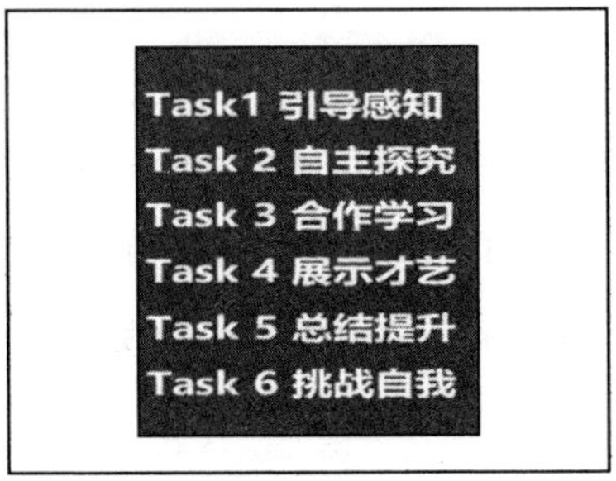

```
Task 1 引导感知
Task 2 自主探究
Task 3 合作学习
Task 4 展示才艺
Task 5 总结提升
Task 6 挑战自我
```

图3-1 教学任务

任务1：引导感知

《英语课程标准》提倡任务型教学。在任务型教学中，创设一个相对真实的场景，引导学生观看图示情境，激发认知冲动，感知学习任务。下面请同学们通过语境思考现在进行时的含义，观察现在进行时的结构。

第一步：通过图片语境思考现在进行时的含义。

（1）观察、理解第一组句子，思考现在进行时第一层含义。

Look！It is snowing.

What is the boy doing now？

He is learning English.

现在进行时的含义1：现在进行时表示现在正在进行的动作或发生的状态。

（2）观察、理解第二组句子，思考现在进行时第二层含义。

What is he doing these days？

He is learning to drive.

What are you doing this week？

We're having tests.

现在进行时的含义2：现在进行时表示现阶段正在发生的事情，但此刻动作不一定正在进行。

第二步：通过语境观察现在进行时的结构。

What are you doing now？

I am watching TV.

Look！What is the boy doing？

He is drawing a picture.

What are they doing now？

They are dancing.

透过语境，我们可以看出现在进行时的结构：am/is/are+动词的ing形式。

任务2：自主探究

《英语课程标准》要求我们要改变过于强调接受学习、死记硬背、机械训练的现状，倡导自主、合作、探究学习，让学生主动参与、乐于探究、勤于动手，培养学生收集处理信息和获取新知识的能力、分析和解决问题的能力，以及交流与合作的能力。下面请通过图片展示关键词，让学生自主归纳现在进行时的标志词。

She is reading a book now.

Listen！She is singing.

Look！They are playing basketball.

Please be quiet. The baby is sleeping.

He is making a model plane these days.

透过图片展示，我们可以看出现在进行时的标志词有：

（1）now / at present / at this moment

（2）Look! / Listen! / Be quiet!

（3）these days/this week

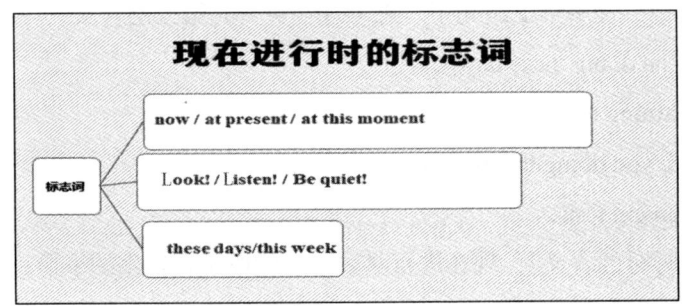

图3-2 现在进行时的标志词

任务3：合作学习

《英语课程标准》明确指出，使学生树立自信心，养成良好的学习习惯和形成积极有效的学习策略，发展学生的合作精神，这是英语课程的主要任务之一。合作学习是以学生为中心，以小组为形式，为了共同的目标合作学习、集体探讨、共同提高的一种方式。

下面请学生通过合作学习，了解动词变现在分词的规律，掌握一般疑问句及其回答，认识否定句和特殊疑问句的构成。

第一步：观察下列动词加ing的规律，共同探讨动词变现在分词的规则。

图3-3 动词加ing变化规则1

（1）go—going； do—doing； paly—playing

归纳：一般情况下，直接在词尾加- ing。

（2）come—coming； live—living； have—having

归纳：以不发音的e结尾时，去e加- ing。

图3-4　动词加ing变化规则2

（3）sit—sitting； run—running； swim—swimming

归纳：以重读闭音节结尾，末尾只有一个辅音字母时，先双写该辅音字母，再加- ing。

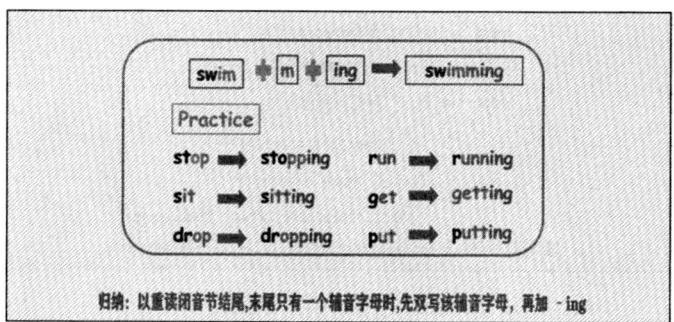

图3-5　动词加ing变化规则3

第二步：观察否定句的构成。

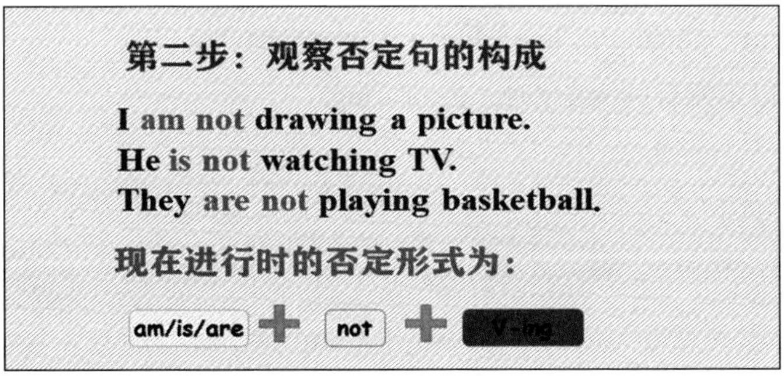

图3-6　否定句的变化

I am not drawing a picture.

He is not watching TV.

They are not playing basketball.

归纳：现在进行时的否定形式为am/is/are+not+v-ing。

第三步：观察一般疑问句的变法及其肯定和否定回答。

图3-7　疑问句的变化

Tom is riding a bike.

Is Tom riding a bike?

Yes，he is. / No，he isn't.

归纳：将be动词放在句子开头成为一般疑问句。

第四步：观察特殊疑问句的构成。

> **第四步：观察特殊疑问句的构成**
>
> ❖ What are you doing now?
> ❖ Who is he playing basketbal with?
> ❖ Where are you doing your homework now?
>
> 特殊疑问句的结构：特殊疑问词+一般疑问句

图3-8 特殊疑问句

What are you doing now?

Who is he playing basketball with?

Where are you doing your homework now?

归纳：特殊疑问句的构成是：特殊疑问词+一般疑问句。

任务4：展示才艺

展示才艺能激发学生学习兴趣，使课堂充满活力，促进学生在学习活动中自主学习，培养和锻炼学生的综合运用能力，使学习英语变得既有趣又容易。展示过程是学生理解和巩固知识的过程，是再学习的过程，也是激发学生表现欲的最佳途径。下面请学生交流展示现在进行时的用法。

What are you doing? I am doing my homework.

What is he doing? He is watching TV.

What are they doing? They are cleaning.

What are they doing? They are eating dinner.

What is the man doing? He is reading.

What are they doing now? They are talking on the phone.

任务5：总结提升

课堂总结是对一堂课的概括，它要求突出教学的重点和难点，起到强化和提纲挈领的作用。对教师而言，它是对"教"的一种回顾；对学生而言，它是对"学"的一种深化。教师如果能够带领学生做好课堂总结，或者让学生自己进行总结，对巩固课堂教学效果，培养学生的主动性和独立学习能力是十分有益的。下面请学生利用思维导图的形式，总结一下本课时所学的内容。

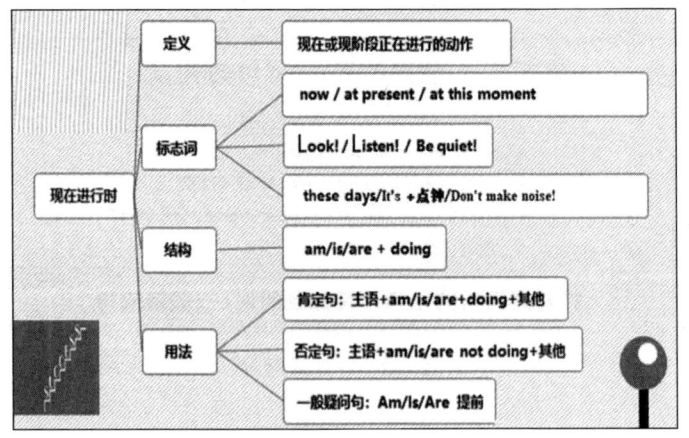

图3-9 现在进行时总结

任务6：挑战自我

课堂练习是英语课堂教学的一个重要环节。有效的课堂练习是学生巩固所学知识、运用知识、训练技能和技巧的必要手段。在设计中，笔者坚持以学生为主体，以训练为主线，有效练习本课时的重难点内容，引导学生通过练习把知识转化为能力，以提高课堂练习的有效性。最后请学生按要求完成下面的练习。

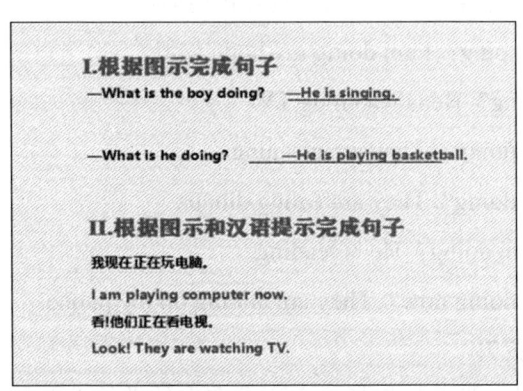

图3-10 挑战题

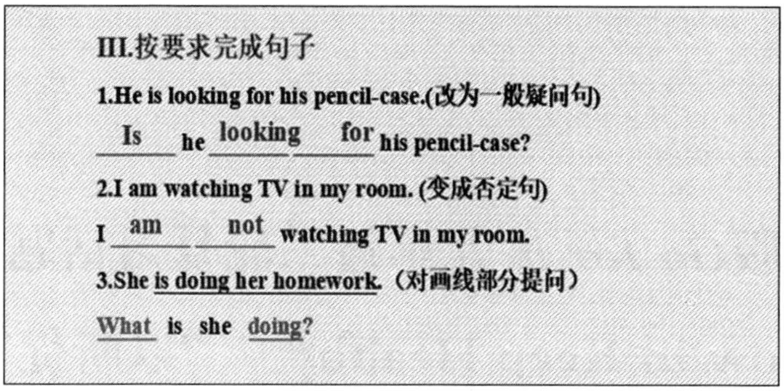

> III.按要求完成句子
> 1.He is looking for his pencil-case.(改为一般疑问句)
>   <u>Is</u> he <u>looking</u> <u>for</u> his pencil-case?
> 2.I am watching TV in my room. (变成否定句)
>   I <u>am</u> <u>not</u> watching TV in my room.
> 3.She <u>is doing her homework</u>.（对画线部分提问）
>   <u>What</u> is she <u>doing</u>?

图3-11　挑战题

六、反思与探讨

在教学过程中，笔者尽力激发学生学习英语的乐趣，在图片模拟情境下，启发诱导学生完成：引导感知→自主探究→合作学习→展示才艺→总结提升→挑战自我等各项任务。笔者尽量把抽象的现在进行时具象为学生熟悉又感兴趣的语言素材，通过对语言的交际性运用，让学生在有意义、生动有趣的情景中大量反复操练，让学生养成语言习惯，在潜移默化中掌握规则。总之，本节课以学生为主体，以任务为主线，努力把语法内容渗透在交际训练中，提高学生用英语交际和沟通合作的能力。但是，仍有少部分学生对be动词的用法掌握得不够好，仍需巩固。

人教版 *Go for it* 九年级二轮复习话题作文 "How to Keep Healthy" "以听促写"写作课教学课例

王艳丽

一、教学课型

写作课（45分钟）。

二、背景分析

（一）教材分析

1. 教材内容

九年级二轮复习话题作文"How to Keep Healthy"。

2. 教材处理

这是一堂"以听促写"的写作课。听写的内容包括两项：与听力材料和书面表达有关的单词、短语和句型；听力材料，选自二轮复习卷。写作的材料取自于二轮复习卷，话题贴近学生的生活，而且难度适中。笔者旨在通过写前听写做好写前准备工作，为第二部分的"写"做好铺垫，然后引出写作任务，指导学生用听到的和以前积累的词汇写好这篇话题作文。

3. "三维"目标

（1）知识与技能目标：学会使用过渡连词；能够正确使用词汇、人称和时态；能够参照内容要点来写；能准确自评和互评；能在教师的指导下修改习作。

（2）过程与方法目标：运用听写、讨论等学习方法进行听、译、写相结合的训练；小组合作与交流学习方法。

（3）情感态度与价值观目标：培养学生珍惜健康、珍爱生命的生活态度及积极学习的态度。

4. 教学重点、难点

（1）引导学生通过观察、体验、感知、讨论、探究等掌握写作的基本技巧。

（2）帮助学生准确自评和互评，并能在老师的指导下修改习作。

（二）学情分析

书面表达一直是英语教学的一个难点，也是学生考试的一个难点。从对我校去年和今年中考英语两次模拟试卷的抽样调查情况来看，英语写作是得分最薄弱的一个题项，原因有二：一是教师对学生缺乏系统、有效的写作指导；二是学生主体参与度不够。这些原因造成了学生"谈写色变"，写作时不懂如何入手、如何谋篇。

三、教学设计

1. 设计总思路

变"学生背诵范文—布置作文—学生课后写作—批改—各自查看老师批改过的作文"等只关注写作结果的教学模式为关注写作过程的教学模式，在学生写前、写作过程中给予及时、适当的引导与帮助。基于该思路，笔者上了一堂基于学生体验过程的写作课，取得了良好的效果，并设计了以下教学模式：写前听写（含习作中所需词汇、句型及听力材料）→写中语言运用（构建写作内容）→写后自评、互评（交流与展示）。

本节课所选定的写作话题如下。

有人说："健康就是一切。"那我们在日常生活中应该怎样保持健康呢？请以"How to Keep Healthy"为题，根据提供的信息和要求写一篇短文。内容要点：饮食方面，多喝水，多吃水果和蔬菜，不吃垃圾食品（junk food）；卫生方面，勤洗手，注意室内通风，不随意乱扔垃圾（litter）；习惯方面，早睡早起，多锻炼。要求：词数为80~100；须涵盖以上要点，但不要逐字翻译，可根据内容要点适当增加细节，以使行文连贯。

学生通过该课的学习应达到以下几个目标。

（1）知识与技能：能运用相关词汇描述怎样保持健康，如"have a balanced diet""stay away from junk food""wash our hands"等；能有条理地组织并进行段落写作，如主题句、支撑句及结论句。

（2）过程与方法：通过小组合作、问题引领、教师示范等方式掌握过程写作技能。

（3）情感态度与价值观：培养健康生活的态度；提高对写作的兴趣。

2. 教学过程

（1）写前活动：通过图片、视频对比导入，在情景中引导学生认识到健康的重要性，引出谈论"健康"的话题，并通过以下活动帮助学生积累词汇。

活动一：小组内完成写、记、听有关"健康"的词汇、短语（3分钟）。

上课伊始，笔者向学生呈现本节课的教学目标，随后通过PPT展示人类、动植物健康与生病时的图片和视频，让学生在小组内合作完成头脑风暴，写出有关"健康"的词汇。

通过这个活动，其中一组学生想出来以下7个词汇和短语："health""keep healthy""have fruits and vegetables""drink water""get up early""do some sports""have a balanced diet"。

在进入写作活动之前，让学生对已学的目标语言进行记忆，达到熟练背诵和书写的程度，为下面的活动做铺垫。

活动二：播放有关健康的短文3遍，引导学生分层（A、B、C），听、写出文中健康方面的单词、短语、句型及整篇文章（17分钟）。

活动三：同桌合作，用活动一、二中的词、短语、句型造句，并展示在白板上。

思路点拨：为了丰富学生写作所需的语言材料，笔者让他们通过反复听、记并输出的形式储存了重要知识，也让学生进一步了解健康的生活方式，为下面写作做准备（4分钟）。

（2）写中活动：笔者设计了组内任务：讨论拟出正文的提纲；形成初稿；修改润色（10分钟）。

有了以上活动所得到的知识积累，学生对这方面写作所要求的语言知识已经很丰富了。下面，笔者给出本节课的写作任务。

首先，教师给学生读出要求，目的是让学生理解写作要求，做到心中有数。

为了让学生写好这篇文章，教师可以对文章开始的第一句话加以指导，让学生小组讨论这篇文章应该怎样写好开头，并找学生在班级展示（请两名代表不同层次的学生在黑板上写作，有利于发现存在的问题）。

其次，引导学生小组内讨论，列出提纲。

再次，形成组内初稿。

最后，修改润色。

思路点拨：让学生在规定时间内完成写作任务，让学生有紧迫感，效率高。

（3）写后活动：呈现学生作品，根据标准互相评价（10分钟）。

互评阶段：

第一步：要求组间学生互换习作，大声朗读文章，欣赏他组同学的优点，用红色笔互相改正错误。这时教师要在学生中做适当指导，为学生解答疑难问题，并要求学生填写互评表（见表3-4）。

表3-4 同伴写作评估量规表

项目	评价标准	总分	得分	具体失分点
1	格式正确	10		
2	语法正确，语句通顺	10		
3	行文流畅，有连接词	10		
4	能正确使用时态	10		
5	单词拼写、大小写、标点正确	10		
6	书写工整，卷面整洁	10		
修改意见：				

请学生说出同伴的写作亮点，增强学生们的写作自信。

思路点拨：让学生之间互相批改作品，能让学生再次感受目标语言。

第二步：师生共同修改黑板上的两篇习作并填写同伴写作评估量规表。

思路点拨：在学生互批完后，教师和学生一起共同批改黑板上的作文，一定要对好词、好句进行圈点，对学生进行具体、实在的表扬。

自评阶段：

自读文章，体会习作，填写习作自评表（见表3-5）。

表3-5　习作自评表

自评			
项目	很好	好	还不错
我能写提纲			
我能用单词、短语、句型			
我能写段落			
我能写一篇完整的作文			
我需要努力的方面：			

用这种方法评改作文，由于材料都是本班同学或自己的，学生容易产生认同感、真实感，并积极参与其中，可以获得真实的反馈订正结果，这时可以进行更有效的纠错。

思路点拨：在学生互批之后，教师让学生大声朗读自己的作品，找不同层次的学生在班级朗读自己的文章，给学生在班级展示自己的机会，增强他们学习的自信心。

（4）课堂小结：学生掌握的知识情况；疑惑的知识问题；学习上的新目标。

3. 反馈阶段（课后进行）

（1）学生习作统一上交给教师。教师全面了解学生在本节课的学习情况，若发现问题，可以在下一课时再进行解决、强化要求。

（2）将修改好的文章写在统一要求的纸上，张贴在教室英语角进行展览，评选出优秀小组作品并给予表扬。

四、教学反思

初中的写作教学应贯彻整个初中阶段。写作是一个由浅入深、由易到难、由简到繁的训练过程，任何一个环节出问题都会影响学生写作能力的培养。因此，盲目的训练往往多做无用功，我们必须在平时就十分注重自身教学策略的运用和对学生写作技巧的培养。

在本堂课的教学过程中，笔者贯穿"以学生为中心"的教育思想，注重调动学生的积极性和主动参与的热情，遵循"准备—写作—修改—展示"的英语写作教学模式，注重"以听促写"策略的指导与运用，促进本节过程性写作课的动态生成。